近代精神文化系列

教育史话

A Brief History of Education in China

朱从兵 / 著

社会科学文献出版社

SOCIAL SCIENCES ACADEMIC PRESS (CHINA)

图书在版编目（CIP）数据

教育史话/朱从兵著. —北京：社会科学文献出版
社，2011.10
　（中国史话）
　ISBN 978 - 7 - 5097 - 2552 - 8

Ⅰ.①教…　Ⅱ.①朱…　Ⅲ.①教育史 - 中国
Ⅳ.①G529

中国版本图书馆 CIP 数据核字（2011）第 133242 号

"十二五"国家重点出版规划项目

中国史话·近代精神文化系列

教育史话

著　　者／朱从兵

出 版 人／谢寿光
出 版 者／社会科学文献出版社
地　　址／北京市西城区北三环中路甲 29 号院 3 号楼华龙大厦
邮政编码／100029

责任部门／人文科学图书事业部 （010）59367215
电子信箱／renwen@ ssap. cn
责任编辑／梁艳玲
责任校对／杨春花
责任印制／岳　阳
总 经 销／社会科学文献出版社发行部
　　　　　（010）59367081　59367089
读者服务／读者服务中心 （010）59367028

印　　装／北京画中画印刷有限公司
开　　本／889mm×1194mm　1/32　印张／6
版　　次／2011 年 10 月第 1 版　　字数／107 千字
印　　次／2011 年 10 月第 1 次印刷
书　　号／ISBN 978 - 7 - 5097 - 2552 - 8
定　　价／15. 00 元

总　序

　　中国是一个有着悠久文化历史的古老国度，从传说中的三皇五帝到中华人民共和国的建立，生活在这片土地上的人们从来都没有停止过探寻、创造的脚步。长沙马王堆出土的轻若烟雾、薄如蝉翼的素纱衣向世人昭示着古人在丝绸纺织、制作方面所达到的高度；敦煌莫高窟近五百个洞窟中的两千多尊彩塑雕像和大量的彩绘壁画又向世人显示了古人在雕塑和绘画方面所取得的成绩；还有青铜器、唐三彩、园林建筑、宫殿建筑，以及书法、诗歌、茶道、中医等物质与非物质文化遗产，它们无不向世人展示了中华五千年文化的灿烂与辉煌，展示了中国这一古老国度的魅力与绚烂。这是一份宝贵的遗产，值得我们每一位炎黄子孙珍视。

　　历史不会永远眷顾任何一个民族或一个国家，当世界进入近代之时，曾经一千多年雄踞世界发展高峰的古老中国，从巅峰跌落。1840年鸦片战争的炮声打破了清帝国"天朝上国"的迷梦，从此中国沦为被列强宰割的羔羊。一个个不平等条约的签订，不仅使中国大量的白银外流，更使中国的领土一步步被列强侵占，国库亏空，民不聊生。东方古国曾经拥有的辉煌，也随着西方列强坚船利炮的轰击而烟消云散，中国一步步堕入了半殖民地的深渊。不甘屈服的中国人民也由此开始了救国救民、富国图强的抗争之路。从洋务运动到维新变法，从太平天国到辛亥革命，从五四运动到中国共产党领导的新民主主义革命，中国人民屡败屡战，终于认识到了"只有社会主义才能救中国，只有社会主义才能发展中国"这一道理。中国共产党领导中国人民推倒三座大山，建立了新中国，从此饱受屈辱与蹂躏的中国人民站起来了。古老的中国焕发出新的生机与活力，摆脱了任人宰割与欺侮的历史，屹立于世界民族之林。每一位中华儿女应当了解中华民族数千年的文明史，也应当牢记鸦片战争以来一百多年民族屈辱的历史。

当我们步入全球化大潮的 21 世纪，信息技术革命迅猛发展，地区之间的交流壁垒被互联网之类的新兴交流工具所打破，世界的多元性展示在世人面前。世界上任何一个区域都不可避免地存在着两种以上文化的交汇与碰撞，但不可否认的是，近些年来，随着市场经济的大潮，西方文化扑面而来，有些人唯西方为时尚，把民族的传统丢在一边。大批年轻人甚至比西方人还热衷于圣诞节、情人节与洋快餐，对我国各民族的重大节日以及中国历史的基本知识却茫然无知，这是中华民族实现复兴大业中的重大忧患。

中国之所以为中国，中华民族之所以历数千年而不分离，根基就在于五千年来一脉相传的中华文明。如果丢弃了千百年来一脉相承的文化，任凭外来文化随意浸染，很难设想13亿中国人到哪里去寻找民族向心力和凝聚力。在推进社会主义现代化、实现民族复兴的伟大事业中，大力弘扬优秀的中华民族文化和民族精神，弘扬中华文化的爱国主义传统和民族自尊意识，在建设中国特色社会主义的进程中，构建具有中国特色的文化价值体系，光大中华民族的优秀传统文化是一件任重而道远的事业。

当前，我国进入了经济体制深刻变革、社会结构深刻变动、利益格局深刻调整、思想观念深刻变化的新的历史时期。面对新的历史任务和来自各方的新挑战，全党和全国人民都需要学习和把握社会主义核心价值体系，进一步形成全社会共同的理想信念和道德规范，打牢全党全国各族人民团结奋斗的思想道德基础，形成全民族奋发向上的精神力量，这是我们建设社会主义和谐社会的思想保证。中国社会科学院作为国家社会科学研究的机构，有责任为此作出贡献。我们在编写出版《中华文明史话》与《百年中国史话》的基础上，组织院内外各研究领域的专家，融合近年来的最新研究，编辑出版大型历史知识系列丛书——《中国史话》，其目的就在于为广大人民群众尤其是青少年提供一套较为完整、准确地介绍中国历史和传统文化的普及类系列丛书，从而使生活在信息时代的人们尤其是青少年能够了解自己祖先的历史，在东西南北文化的交流中由知己到知彼，善于取人之长补己之短，在中国与世界各国愈来愈深的文化交融中，保持自己的本色与特色，将中华民族自强不息、厚德载物的精神永远发扬下去。

《中国史话》系列丛书首批计 200 种，每种 10 万字左右，主要从政治、经济、文化、军事、哲学、艺术、科技、饮食、服饰、交通、建筑等各个方面介绍了从古至今数千年来中华文明发展和变迁的历史。这些历史不仅展现了中华五千年文化的辉煌，展现了先民的智慧与创造精神，而且展现了中国人民的不屈与抗争精神。我们衷心地希望这套普及历史知识的丛书对广大人民群众进一步了解中华民族的优秀文化传统，增强民族自尊心和自豪感发挥应有的作用，鼓舞广大人民群众特别是新一代的劳动者和建设者在建设中国特色社会主义的道路上不断阔步前进，为我们祖国美好的未来贡献更大的力量。

陈奎元

2011 年 4 月

⊙朱从兵

作者小传

　　朱从兵，1965 年生，江苏如皋人，历史学博士，现为苏州大学社会学院教授、博士研究生导师。主要研究方向为太平天国史、中国近代铁路史、中国近代经济史，出版了《太平天国文书制度》、《铁路与社会经济》、《李鸿章与中国铁路》、《上海小刀会起义与太平天国关系重考》、《太平天国文书制度再研究》等著作，在《历史研究》、《近代史研究》、《中国边疆史地研究》、《史学月刊》等专业刊物上发表学术论文 50 余篇。

目 录

一 旧式教育的衰微

在 1840 年鸦片战争前的两千多年里，中国封建社会长期处于缓慢发展的状态，封建的经济关系和政治制度一直没有得到根本性的改变，因此，为封建的经济关系和政治制度服务的旧式封建教育呈现出一种相对定型化的状态。自西汉以后的教育内容以儒学为主导，教育方式则以学校和书院为主，特别是自隋唐以后，科举考试在一千余年间支配了中国的封建教育。

清朝是中国历史上最后一个封建王朝，它在文化教育方面所采取的极端专制主义和形式主义，使封建教育达到短暂极盛的回光返照之后，日益走向空疏腐化。

空疏腐化——旧式教育穷途末路

清朝在名义上设有各级各类的学校，在中央，设立有国子监、宗学、觉罗学、八旗官学、景山官学、咸安宫官学、算学和俄罗斯文馆等，国子监是清朝最高学府，宗学是专为清朝宗室子弟设立的学校，觉罗学是为清朝觉罗氏子弟设立的学校，八旗官学、景山官学、咸安宫官学都是为八旗子弟设立的旗学，算学是为培养算学人才而设立的学校，而俄罗斯文馆则是为了培养俄语人才而设立的一所俄文学校。在地方，清朝按行政区划设立府学、州学、县学，按军队编制设立卫学，在乡镇地区设立社学，为孤寒儿童及少数民族子弟设立义学，还特地在云南设立井学，其中府学、州学、县学和卫学统称儒学。清朝学校教育在顺治、康熙、雍正、乾隆时期曾得到较大的发展，但到嘉庆、道光以后，学校逐渐废弛，有名无实。教师多是年老昏庸、猥贱小人之徒，极不称职，学生平时也不学习，教室里往往空无一人，只是在学官考察的时候，才敷衍聚集学习，考试也徒具形式，只不过是点点名，收取学生献给教师的学费而已，因此，教师无所谓教，学生无所谓学，学校成了师生领取干薪的场所。虽然有些学校也从事教学活动，但教学氛围窒闷，一切以准备科举考试为中心，学生的主观能动性得不到尊重。

在民间，还有各种蒙学。清代的蒙学在明代的基础上又有所发展，可分为三类：一类称教馆或坐馆，这是有钱人聘请教师在家教读子弟的蒙学；二类称家塾或私塾，这是教师私人在家教授生徒的蒙学；三类称义学或义塾，这是地方宗族设置的蒙学。还有一种由贫寒之家联合一村或数村开设的蒙学，是谓村塾。这些蒙学还可分成低高两级：低级专教儿童，高级专教成人，又称经馆。蒙学对清代教育影响最大，它不只是士族子弟入学前的预备学校，也是一般从事各行职业不准备加入士族阶层的劳动人民或知识分子接受早期基础教育的场所。但是，各地各类蒙学对入学年龄、学习内容以及教学水平等方面都没有统一规定。总体说来，蒙学课程一般不外乎读书与习字两种，而教法也只有课读和背读两种，因此儿童的学习相当刻板、单调和枯燥，教师讲解得很少，儿童很难理解课文的意义。

书院是我国封建社会特有的一种教育组织形式，是一种私人创办的教学活动与学术研究相结合的高等教育机构，从唐末五代至清朝，已存在了约千年之久。清朝初期对书院采取抑制政策，书院在1773年前的90多年里一直沉寂无闻。以后清朝政府对书院的态度逐渐由消极抑制转变为在严格控制监督下积极发展，因此书院数量达到2000余所，大大超过前代。清代书院分为四种类型：第一类是继承明代书院的传统，以讲求理学为主；第二类是以博习经史词章为主；第三类是以考课为主，办学目的就是应付科举考试，一般书院都属此类；第四类是以学习"经世致用"之学为主，反对学习理学和帖括，这类书院反映了书院发展的新趋势。由于书院的设立和经费、师长的选聘、招生、对生徒的考核以及教学内容等都必须经官府审批，所以，书院的官学化趋势日益严重，逐渐丧失其独立性和自主权，越来越难以满足学术研究和讲学的需要。

科举考试不仅是笼络知识分子的手段，而且也是禁锢人们思想的有效途径。清代的科举制度沿袭明代，仍然采用八股文。八股文开始于 1487 年，是一种严格注重格式的文体，每篇文章都分为破题、承题、起讲、起股、虚股、中股、后股、束股八部分，在八股之内，必须运用对偶，而且句子的长短、字的繁简和声调、缓急都要相对成文，语言则必须用古人语气，代圣人立言。考试题目主要摘自《四书》，答卷内容也要根据朱熹的《四书集注》，不许自由发挥。到清代，八股考试发展成为一套十分呆板、机械的考试格式，而且形成了一套整人的绝招，在命题上专出一些偏怪的"截搭题"、"枯窘题"，而参加考试者也有应付的手段，或请谒舞弊，或冒名顶替，或弄虚作假，或贿赂考官，无所不用其极。因此，通过这样的考试所录用的人中，虽不乏真才实学之辈，而那些"不知司马迁、范仲淹为何代人，汉祖、唐宗为何朝帝"的愚鲁蠢材亦为数不少。

清朝政府极力加强文化教育上的专制主义，清朝统治者崇尚儒家经术，提倡程朱理学，程朱理学是清代办学育才的指导思想和科举考试的基本内容。清朝政府对知识分子采用高压手段，进行严厉钳制和残酷镇压，主要表现在以下几个方面：一是制定各种严厉的学规教规，加强对各级学校的管理和控制，其中影响最大的是 1652 年的《训士卧碑文》、1700 年的《圣谕十六条》和 1724 年的《圣谕广训》，这些学规教规虽然对学生的为人、求学以及教师的教学提出了一些具体要求，但其实质是禁止师生过问社会现实问题，剥夺他们结社和言论的权利，要求他们成为忠臣清官，心甘情愿地为清政府的统治效劳。二是销毁不利于封建统治的书籍，仅 1773～1782 年间，就先后焚书 24 次，烧毁书籍 538 种、13862 部。三是大兴文字狱，清代文字狱株连之广、处罚之重都是历史上罕见的。例如 1726 年礼部侍郎查嗣廷任江西考官所出的《易》、《诗》两题，"前用正字，后用止字"，竟被雍正皇帝有意加罪。查氏病死狱中后，还被戮尸枭首，其子被处死，家属被流放，查氏家乡浙江省停止乡试、会试 6 年。其他文字狱大案还有 1663 年的庄廷鑨《明史》案、1713 年的戴名世《南山集》案、1728 年的吕留良文选案等。很多人常常因为一字一词惨遭杀身之祸，株连九族师友及家乡故人。清政府的专制主义一方面迫使知识分子只得埋头于故纸堆中，以求身家性命的安全，使得义理、考据和词章成为当时主要的学问，整个学术界陷入万马齐喑的局面；另一方面也激发和锻炼了人民的反抗情绪和革新精神，一些有远见的知识分子已经看到了中国封建教育的日益僵化，要求变革旧式的封建教育，在明末清初出现了一批启蒙思想家，在鸦片战争前后又形成了地主阶级经世致用的改革思潮，预示着封建制度的总崩溃和封建教育的大破产。

思想惊雷——新式教育催生火花

明末清初以黄宗羲、王夫之、颜元等为代表的启蒙思想家对中国传统的封建教育提出严厉的批评和富有建设性的主张，对中国近代资产阶级的教育思想产生了重要影响。

　　黄宗羲（1610～1695），字太冲，号南雷，学者尊称梨洲先生，浙江余姚人。他不仅开展学术研究，培育了清代浙东学派，而且长期坚持讲学活动，形成了他具有近代色彩的民主教育思想。黄宗羲认为学校不仅应具有培养人才、改进社会风俗的职能，而且还应该议论国家政事，这是对中国古代关于学校职能理论的创新，反映了他要求国家决策民主化的强烈愿望，是中国近代资产阶级反对封建君主专制，反对封建教育，提倡启发民智的先声。由于学校教育与取士制度紧密相连，在取士制度问题上，他深刻揭露了科举制度的危害，认为科举制度会造成学术的衰落和学风的败坏，扼杀知识分子独立思考的能力，提出了选拔人才的八种方法，这些方法集中反映出他注意把人才选拔与培养紧密结合、重视人才的实际能力等深刻思想。在教育内容上，他主张学问必须以经学为根底，重视向学生传授史学、诗文以及天文、数学、地理等自然科学知识。在教学思想上，他教育和引导学生勤奋刻苦求学，认为求学贵在实用，强调只有实用的知识才是真正的学问；主张求学贵在创新，提出独立见解。在教师问题上，他认为每个人的成长都离不开教师，强调慎重师道，指出不能为师而强以为师则是为师者之罪；主张尊重教师，要求提高教师的社会地位；他还提出教师的任务除了向学生传道、授业、解惑外，还必须从事清议，议论朝政和地方政事，为此教师不应由政府委任，而应由地方和学校公议产生。黄宗羲有关教师的思想突破了传统的教师理论，鲜明地反映了他的民主思想，具有强烈的时代特征。

王夫之（1619～1692），字而农，号薑斋，湖南衡阳人，晚年隐居于石船山，被后人称为船山先生。他在抗清斗争失败后，从事学术研究和授徒讲学活动达40年之久。他注意把学术研究与授徒讲学紧密结合在一起，从而在教育问题上提出了一系列弥足珍贵的思想。关于教育的作用问题，他认为教育既对治国至关重要，是治国的根本，又同人的发展密切相关，它可使人积善成性，也可使人改恶从善。关于教学问题，他指出教学是教师和学生共同活动的过程，教师在教学中居于主导地位，学生是教学活动的主体，教学的成功与否往往取决于学生的自觉学习，因此，教学实际上就是在教师指导下学生自觉学习的过程。这一思想正确揭示了教学活动的本质，在此基础上，他进一步提出了一些关于教学的具体主张：在熟悉和了解学生的前提下因材施教；教学活动必须循序渐进；学习和思考必须紧密结合；学习必须尽量吸取前人的宝贵经验；要敢于独立思考。关于道德问题，他反对"天理"（客观规律）和"人欲"（主观欲望）的对立，而主张两者的统一，认为"天理"和"人欲"紧密相连，"天理"存在于"人欲"之中；他反对灭欲而主张节欲，这些是对佛教、道教和宋明理学道德观念的批判和否定，具有历史进步性；他提倡不以"一人之私"而"废天下之公"，对传统的君臣之伦和忠君观念表示异议，认为臣对君主该不该忠诚，要取决于君主是否为天下之公。关于道德修养问题，他强调立志，主张把教育学生树立正确的志向作为教育之本，要求志向必须执著专一；他还主张道德修养的关键在于学生的自觉，指出道德修养不能仅停留在意识和认识阶段，还必须将道德意识和知识变成实际行为，这些见解揭示了道德修养中某些规律性的东西。关于教师问题，他重视教师在教育过程中的主导作用，对为师之道提出了明确的要求：教师应该热爱教育工作，乐意精心培育人才，坚持不懈；教师应该具有渊博的知识和一定的理论水平；教师应该言传身教，注重自身的道德行为在教育活动中对学生所产生的潜移默化的影响，做到为人师表。所有这些观点都是王夫之长期从事教育工作的经验总结，确实是一个教师所必须具备的基本素质，至今仍有现实意义。

颜元（1635～1704），字易直，又字浑然，号习斋，直隶（今河北）博野人。他一生以耕田兼教书为业，没有出仕做官，在他身上反映了中国封建社会后期知识分子和农民的某些特性。他把教育作为改善现实生活，实现王道政治的工具，学以致用的精神贯穿在他的整个教育观点中。他的教育思想的一个显著特征就是对传统教育的批判，他指出传统教育有两大严重弊病：一是脱离实际，把读书求学误认为是训诂、清谈；二是在伦理道德教育方面把义和利、理和欲对立起来；他还揭露了八股取士制度对于学校教育的危害，指出八股取士使读书求学完全成了"名利引子"，认为八股之害甚于秦朝的焚书坑儒。关于学校教育的地位问题，他提出了培养人才为治理国家的根本，而学校教育又为培养人才的根本的思想，正确地揭示了学校、人才、治国三者之间的关系，突出了学校教育的重要地位。他认为学校应该培养品学兼优的经世致用的通才和专才，为此他主张教育的内容除了经、史、礼、乐等知识外，还应该包括诸多门类的自然科学技术知识、各种军事知识和技能等，并且实行分科设教，这一观点蕴含着近代课程设置的萌芽。关于教学方法问题，他强调在教学过程中联系实际，坚持练习和躬行实践，但是他并不排除通过读书和讲说来获得知识，只是要求读书和实践相结合，在练习和实践上花更多的精力和更大的工夫。关于劳动教育的问题，他重视农业知识的传授，注重劳动在培育人才中的作用，他认为劳动不仅具有德育的意义，使人勤劳奋勉和身心健康，而且具有体育的意义，使人增强体魄，健体强身，是重要的养身之道。他指出不仅人人应该劳动，而且人人要乐于劳动，因此，他非常重视对学生进行劳动教育，颜元的这些见解在当时独放异彩，别具一格，对中国近代教育的形成和发展也有一定影响。

鸦片战争前后，清朝国势江河日下，封建专制制度已经日薄西山，封建地主阶级内部开始发生分化，出现了以龚自珍、林则徐、魏源等为代表的比较开明的封建知识分子，他们在明末清初启蒙思想家所取得的教育思想成果的基础上主张改革社会，抵御外侮，也对清朝腐朽的封建教育进行了尖锐的批评，提倡学习"西学",改革旧的传统教育,出现了地主阶级改革派的教育思想,主要表现在以下三个方面:一是要求改革旧的传统教育。龚自珍深刻批评了乾嘉学派寻章摘句、专事考据和不问现实政治的不良学风,认为一代的政治就应有一代的学术,学术与政治本来就是统一的。他认为人才的培养是国家兴衰强弱的根本,而当时的教育已经空疏腐朽,培养不出有用人才,科举制度则更是"摧锄天下之才",因此他强烈呼吁"不拘一格降人才"。魏源也认为当时的教育只是死守书本,培养了无用的"庸儒",因此他主张废除书法试帖,学习有实用价值的学问,强调实践的重要性,认为先行后知,知从行来。二是主张经世致用,研习经世致用之学,是地主阶级改革派的基本特征。龚自珍要求知识分子必须从古代典籍中探究先贤哲人的微言大义,使学术为社会政治服务。魏源也主张学习必须有济于实用,反对当时的古文经学派偏于训诂、考据而脱离现实政治的倾向,揭露当时的科举教育是"所用非所学,所养非所用",要求一切从实际出发,不断地变革学校教育。1840 年鸦片战争失败后,他把经世致用的观点落实到培养抵御外侮的人才上面,提倡务求实际、务求实学的革新精神。三是提倡学习"西学"。林则徐是近代睁眼看世界的第一人,他在鸦片战争中认识到了解和学习西方先进科学技术的重要性,他主持编译了《四洲志》、《华事夷言》等书刊,介绍外国情况,使人们逐渐了解西方。魏源在鸦片战争后开始注意了解和研究西方,在林则徐《四洲志》的基础上编撰了著名的《海国图志》，详细介绍了世界各国的地理风貌、历史概况和社会现状，系统发挥了其"师夷长技以制夷"的思想。他认为，学习西方是为了抵御西方的侵略，而要抵御西方的侵略，就必须学习西方各国的先进科学技术，如军事方面的"战舰"、"火器"、"养兵练兵之法"和民用方面"有益于民"的知识，等等。龚自珍、林则徐、魏源等是摸索救国救民真理的早期代表人物，首开中国人民向西方学习的先河，成为资产阶级启蒙思想的先驱。

3 起义风暴——新式教育曙光微露

太平天国农民运动是中国历史上一次规模最大的农民起义，它的势力极盛时曾扩展到 18 省，并通过武装斗争建立自己的、与反动清政府对峙的国家政权长达 14 年之久。教育在太平天国农民运动中占有非常重要的地位，它是推翻清朝封建统治的一种有力武器。太平天国在对旧文化教育进行扫荡的同时，采取了一系列的文化教育改革措施。

太平天国初期实行了激烈的反儒政策。太平天国正式宣布《四书》、《五经》等儒家经典为妖书邪说，明确规定："凡一切孔孟诸子百家妖书邪说者尽行焚除，皆不准买卖藏读，否则问罪。""凡一切妖书如有敢念诵教习者，一概皆斩。"因此出现了"敢将孔孟横称妖，经史文章尽日烧"的反孔热潮，极大地冲击了封建传统教育的权威，这在中国教育史上是空前的。

太平天国实施的教育大多是形式不固定的临时性质的教育，还无力发展正规的学校教育。

士兵教育是太平天国教育中最为重要的一环，这直接关系到太平军的精神面貌和战斗素质。太平天国的士兵教育包括精神训练和术科训练两种。精神训练则以政治、宗教教育为主，政治思想教育常常结合宗教形式进行，如讲道理、礼拜、祈祷、习读天书等，太平军士兵在早晚和三餐前以及每次战斗前都要举行祈祷仪式，借以鼓励士兵的作战勇气。精神训练还包括军纪教育，太平天国教育士兵不得抢掠和奸淫百姓，要养成良好的生活习惯，不得饮酒、吸食鸦片和黄烟、嫖娼，等等。术科训练则以操练为主，操练方法主要是根据太平天国所编《武略》一书。术科训练也包括学习兵法，如水旱战法，精练弓、矢、刀、枪、骑马、炮燧（音义）等。太平天国的士兵教育在前期是非常富有成效的，经过严格教育的士兵所到之处，不仅勇猛善战，而且秋毫无犯，受到人民群众的爱戴。

群众教育是太平天国教育的根基，因为只有通过群众教育才能使人民群众了解和支持太平天国的思想主张和政策措施，从而积极参加太平天国农民运动，壮大起义力量，保证军事物资和生活必需品的供给。群众教育的方式与方法很多，如利用各种宗教仪式祈祷、洗礼等，利用告示、标语和口号、诗歌、民谣等，更重要的一种方式是"讲道理"。所谓"讲道理"，就是将群众聚集于一定的场所，由太平军干部宣讲拜上帝教教义，宣传太平天国的各项政策措施。太平天国对人民群众的生产教育也非常重视，地方行政首领的一项重要任务，就是教育和领导人民群众努力从事生产，包括农业和手工业生产。

太平天国的教育主要是以《十款天条》、《原道醒世训》、《原道觉世训》、《旧遗诏圣书》、《新遗诏圣书》、《天命诏旨书》、《三字经》、《幼学诗》、《御制千字诏》等书籍和各种祈祷文、文书为教育内容，把政治教育、军事教育、文化教育和识字教育等都统一到宗教教育之中。太平天国定都天京以后，对传统教育的主要内容《四书》、《五经》等儒家经典一改过去的焚书政策而采取删书政策，使之为太平天国的教育服务。太平天国还编印了新教材。为了提高太平天国教育的效果，太平天国还进行文风和文字改革，提倡"文以纪实"、"言贵从心"的朴实晓畅的文风，采用大量简易明了的汉字，因此，太平天国文书和教材都比较通俗易懂，便于人民群众学习。

太平天国的人才选拔制度，采用开科取士和出榜招贤的办法。出榜招贤就是在公共场所张贴求贤榜，招徕太平天国所需要的文才武略和奇工巧匠。这种办法注重人才的实际能力，具有快速简捷的特点。太平天国定都天京后，建立了正式开科取士的制度，对传统的科举制度进行了改革。首先，改革了科举考试的内容，形式仍用八股试帖，但内容已不再是《四书》、《五经》等儒家经典，而是《旧遗诏圣书》、《新遗诏圣书》和《天命诏旨书》等印书和重要文书，并增加了策论；其次，废除了对门第、出身和性别的限制，

13

传统科举考试注重门第、出身，对籍贯、守考和保结等都有严格的限制，把广大的妇女拒绝在科举的门外，太平天国的科举考试不论尊卑贵贱，不分男女性别都可参加，而且还特别为妇女开设女科；再次，太平天国简化了科举考试手续，减少考试的场次，对考生的起居、饮食、旅费等方面都予以照顾和关心。

太平天国教育从本质上讲是一种政教合一的教育，并没有从根本上摆脱封建主义教育的羁绊，它不能代表近代新式教育发展的方向，但是，太平天国教育在教育政策、教育内容、教育方法和人才选拔等方面较之于传统的封建教育，都具有极大的进步意义，是对传统的封建教育的猛烈冲击，为中国近代新式教育的出现开拓了道路，因此，太平天国教育表明了近代新式教育的曙光已经在悄悄升起。

二 新式教育的开端

　　中国近代的新式教育是在 19 世纪 60 年代至 90 年代的洋务运动中由地主阶级的洋务派启动的。经过两次鸦片战争的沉重打击，中国处于强敌环伺、民族危亡的局面，中国紧闭的大门已经洞开，那种闭关锁国、孤立于世界之外的时代已经一去不复返了。在这种历史条件下，中国封建统治阶级内部一些具有忧患意识的官僚面对"数千年来未有之变局"和"数千年来未有之强敌"，被迫认真地对待中国胜败存亡的问题。以曾国藩、左宗棠、李鸿章、张之洞等为代表的政治集团，为了维护清朝的封建统治，形成了洋务派，提倡所谓"自强""求富"的新政，企图在不触动封建专制制度的前提下进行某些带有资本主义倾向的细枝末节的改革，以适应变化了的新形势，这一运动史称"洋务运动"。

 新式学堂的创办

　　在洋务运动中，教育活动是重要方面，因为洋务运动的进行和深入开展，需要大量新型洋务人才，所以，洋务派主张兴西学，提倡新式教育。从19世纪60年代开始，他们在全国的一些地方先后创办了学习外国语言文字和西方军事技术、自然科学的新式学堂30多所，这些洋务学堂大致可以分为以下三类：

一类是外国语学堂。鸦片战争以来，清政府在外交活动中，由于语言文字的隔阂，所受损失极大，为了改变这种状况，急需培养中国的翻译人员，这就是清政府决定建立外国语学堂的主要原因，这类学堂主要有以下7所：

京师同文馆：1862年恭亲王奕䜣奏请在北京创办的外国语学堂，是中国近代教育史上最早的新式学堂，是中国近代新式教育的开端。

上海广方言馆：1863年李鸿章奏请仿效京师同文馆在上海设立。

广州同文馆：1864年广州将军瑞麟等奏请仿效上海广方言馆在广州设立。

新疆俄文馆：1887年新疆巡抚刘襄勤奏请在新疆设立。

台湾西学馆：1888年台湾巡抚刘铭传奏请仿效京师同文馆章程在台湾设立。

珲春俄文书院：1889年吉林将军长顺奏请在珲春设立专学翻译的俄语学堂。

湖北自强学堂：1893年湖广总督张之洞奏请在武昌开办。

二类是军事学堂。洋务派认为，要想镇压国内的人民起义，抵御西方列强的侵略，就必须讲求兵制和学习西方先进的军事技术，为此他们建立了以下14所军事学堂：

福建船政学堂：1866年闽浙总督左宗棠奏请在福建船政局福州马尾船厂附设船政学堂，这是我国近代最早的海军制造学校，是近代中国海军人才的摇篮。

上海江南制造局操炮学堂：1874年设立，是中国近代最早的军事工程学校，1898年与上海广方言馆合并，改为工艺学堂。

广东实学馆：1880年4月两广总督张树声奏请在广州黄埔设立，分设驾驶和制造两科。

天津水师学堂：1880年8月直隶总督李鸿章奏请在天津设立北洋水师学堂，这是中国最早的海军学校。

天津武备学堂：1885年李鸿章奏请仿效西方各国的军事学校在天津设立武备学堂，这是我国最早的一所陆军军官学校。

广东黄埔鱼雷学堂：1886年湖广总督张之洞奏请在黄埔鱼雷局附设鱼雷学堂，后来并入广东水陆师学堂。

北京昆明湖水师学堂：1886年海军衙门总理大臣醇亲王奕䜣奏请设立。

广东水陆师学堂：1887年张之洞奏请仿效福建船政学堂、天津水师学堂和武备学堂设立。

山东威海卫水师学堂：1889年北洋海军提督丁汝昌奏请在威海卫刘公岛设立，又名山东刘公岛水师学堂。

江南水师学堂：1890 年南洋大臣曾国荃奏请在南京设立，又称南洋水师学堂或南京水师学堂。

奉天旅顺口鱼雷学堂：1890 年北洋舰队在旅顺口设立。

山东烟台海军学堂：1894 年设立，只开办航海专科班。

江南陆师学堂：1895 年两江总督张之洞奏请在南京仪凤门内设立。

湖北武备学堂：1896 年湖广总督张之洞奏请在武昌成立。

三类是科技学堂和实业学堂。从 70 年代起，洋务运动进入后期，主要创办民用企业，以"求富"为目的。民用企业的创办需要各种懂得自然科学技术和实业知识的人才，为此，洋务派设立了以下 13 所科技学堂和实业学堂：

上海机器学堂：1867 年在容闳建议下于江南机器制造局内附设机器学堂，培养工程与机械制造人才。

福州电报学堂：1876 年丁日昌奏请在福州新设电气学塾。

天津电报学堂：1880 年北洋大臣李鸿章因北洋海防的紧急需要奏请在天津设立。

上海电报学堂：1882 年在上海设立。

湖北算术学堂：1891 年张之洞在武昌设立。

天津医学堂：1894 年李鸿章奏请在天津总医院附设西医学堂，又叫北洋医学堂或天津海军医学校。

唐山铁道工程学院：1890 年 12 月 5 日李鸿章设

立，原为天津武备学堂附设之铁道工程科，这是我国最早创设的铁路学校。

山海关铁路学堂：1895 年由津榆铁路公司创办。

南京铁路学堂：1896 年 1 月张之洞奏请在南京陆军学堂附设铁路学堂。

湖南湘乡东山精舍：1896 年 1 月刘襄勤仿效湖北自强学堂设立。

南京储才学堂：1896 年 2 月张之洞奏请在南京设立，分交涉、农政、工艺和商务四门。

湖北工艺学堂：1898 年张之洞在湖北洋务局内设立工艺学堂。

湖北农务学堂：1898 年 4 月张之洞奏请在湖北设立。

从中国近代教育的发展进程看，洋务学堂的产生顺应了"西学东渐"这一文化趋势，它具有以下几个特点：（1）比较讲求实用，很多学堂都是为满足当时外交、科技、军事等方面的急需而设立的，有些还是企业的附设机构，可以在一定程度上收到学用结合的效果。（2）引进了近代的天文、数学、物理、化学等自然科学知识和技术学科作为课程，有些学堂还学习有关万国公法、外国史地等人文科目，这些课程的开设和传授，不仅大大开阔了中国知识分子的眼界，而且在一定程度上促进了中国近代科学技术的发展。开设外国语言、自然科学技术课程，是洋务学堂区别于封建传统学校的重要标志。（3）建立了一套在一定程度上有别于封建传统学校的学校管理制度。洋务派每创办一所学校，都制定有具体的章程，从招生、考试、学习年限、经费来源到学生毕业后的任用等问题都作了详细的规定，使办学有章可循。洋务学堂的设立，是中国新式教育的萌芽，是资本主义教育制度在中国实施的先声，为中国以后建立新学制奠定了初步基础。

但是，洋务学堂没有统一的学制，也没有形成学校系统，它的教学内容仍然有《四书》、《五经》等封建主义的旧学，有些学堂还特别注重对学生进行中国传统封建礼教习惯的培养，所开设的一些西学课程极为肤浅，仅涉猎一些皮毛知识。因此，洋务学堂和洋务运动的其他事业一样，收效不大，教育出来的具有真才实学的学生为数并不很多。

 近代留学教育的滥觞

洋务运动期间，为了培养洋务人才，洋务派官僚除了开办一批洋务学堂外，还办理留学教育，派遣留学生。中国近代的留学教育始于 1872 年。1870 年 6 月，毕业于美国耶鲁大学的中国人容闳向曾国藩提出建议，并呈报有关留学的"教育计划"。1871 年 9 月曾国藩和李鸿章等上奏清朝政府，得到批准。容闳的计划是：在上海设立西学局或幼童留美预备学校负责选送聪颖幼童到美国留学，每年 30 名，4 年计 120 名，15 年后每年回国 30 名。这个计划得到清朝政府的批准后，1872 年 7 月容闳先行到美国作留学幼童的安置。8 月 11 日第一批官派赴美留学幼童詹天佑等 30 人，经过上海幼童留美预备学校培训后，在监督陈兰彬带领下赴美。到 1875 年共遣派四批赴美幼童共 120 名，另有自费的上海、香港学生 7 名，他们学习的科目主要是军政、船政、步操和制造等。

但是清政府派遣留学生的目的，并非是让他们去精通西方资本主义的思想文化，而只是希望他们成为略通西方语言和技艺并愿意恭顺地为其效劳的奴才。清政府特别害怕留学生在接触了西方的思想文化后，羡慕或信奉资本主义制度而对清朝封建专制制度产生不满和怀疑，因此极力监督和控制留学生的思想和行为。幼童赴美后，除了学习西学外，还得兼习中学如《孝经》、《五经》及清朝法律等。清政府还设立赴美留学正、副监督委员，驻美国负责管理和监督留学幼童，每逢节日，由监督召集留学生宣讲《圣谕广训》，还要望着清朝皇宫的方向行跪拜礼，留学生必须保留象征清朝臣民的辫子和装束打扮，至 1876 年留学幼童因私自剪去辫子等原因而被取消留学资格的就有 9 人。新任监督吴子登是一个刚愎自用、顽固保守的人物，由于召集留学幼童训话时他们没有向他行跪拜礼，因而大怒，向清政府谎报诬陷留学幼童放浪淫佚，都已美国化，说什么"他日纵能学成回国，非将无益于国家，亦且有害于社会"，建议清政府立即将这些幼童遣送回国，以免虚糜公款。

其实，这些留美幼童各方面表现很好，学业进步也很快，和美国同学相处得也很融洽，得到各界的好评。耶鲁大学校长朴德称赞他们"自抵美以来，人人能善用其光阴，以研究学术。故于各种科学之进步，成绩极佳。即文学、品行、技术，以及平日与美人往来一切之交际，亦咸能令人满意无闲言"。赴美幼童在美国当时存在普遍歧视中国人的情况下，得此称赞实属难能可贵。

然而，美国当局背信弃义地违反 1868 年《中美续增条约》，该条约第七条规定：中国留学生在美国大小官学学习"须照相待之最优国之人民一体优待"。美国当局不允许中国留学生到美国当时比较高级的科技和军事方面的学校特别是陆海军学校学习，借词说什么"此间无地可容中国学生"，对中国留学生倍加歧视，因此，尽管一些赴美留学幼童学业优秀，但无法继续深造，完成学习计划。加之吴子登的建议得到国内顽固派的支持，清政府竟在 1881 年 7 月下令撤回留学幼童，关闭留学事务所。在美国的 120 名留学幼童，除已撤回、病故以及不愿回国的 26 名外，其余 94 人分三批被召回国。

洋务派官僚在派遣留美幼童之后，还奏请派遣留学生到英、法、德等欧洲各国学习。1873 年由于福建船政学堂雇募的外国技术人员将期满按约回国，造船厂面临停业威胁，因此左宗棠和沈葆桢上奏清朝政府要求选派船政学堂的优秀学生到法国和英国学习造船和驾驶技术，以提高造船厂独立造船的能力和培养自己的技术人才，后因 1874 年日本侵台事件而被搁置。1875 年法人日意格回国为造船厂购买机器，经沈葆桢奏准从福建船政学堂选派了 8 名学生随同日意格前往游历英、法等国。1877年李鸿章又奏请遣派福建船政学堂学生赴欧留学，很快得到清政府的批准，由监督李凤苞等率领船政学堂的第一批留欧学生24人和造船厂艺徒9人横渡重洋，其中21人分赴法国学习制造，12人分赴英国、西班牙等国学习驾驶，1881年和1886年又先后两次选派福建船政学堂及北洋水师的学生共44人分赴法国和英国，1897年又选派船政学堂6名学生到法国学习制造。此外，1896年2月两江总督张之洞奏准仿照曾国藩选派赴美幼童和福建船政学堂屡派学生赴欧留学的办法选派江南陆军学堂、铁路学堂、储才学堂中外文较好的学生40名到欧洲留学。

洋务派办理的留学教育，对中国近代社会产生了重大影响。一些留学生日后成了近代中国海军骨干，有的还为近代中国海军教育事业作出了贡献。例如甲午海战前北洋舰队12艘主力舰的管带有一半以上是留学生，后来清政府成立巡洋舰队和长江舰队，筹办海军处，留欧学生萨镇冰为筹办海军副大臣，沈寿堃为长江舰队统领。辛亥革命后，刘冠雄、萨镇冰、李鼎新等先后出任海军总长，严复、萨镇冰、蒋超英、魏瀚、黄建勋、黄庭、王迥澜等人都曾出任水师学堂和船政学堂的教习等职，从事海军教育工作。还有一些留学生后来成为中国第一代的实业人才和企业管理人才，如林应升曾总司台湾煤矿工程，林日章曾负责勘探北洋开平煤矿和福州穆源铁矿，黄仲良曾任沪宁铁路总经理、粤汉铁路副局长、津浦铁路总经理，宋宝奎担任过上海电报局局长，袁长坤曾是交通部主管电报系统的官员。留学生中还出现了一批科学技术人才，例如詹天佑是世界闻名的铁路工程师，魏瀚、郑清濂等人自行设计制造了 2500 匹马力的兵船，黄耀昌、陈荣贵、陆锡贵、唐国安、邝荣光等人成为我国首批矿业工程师。在留学生中不少人出任清政府驻外国的公使、领事、代办等外交官，改变了在外交上受外人愚弄的尴尬地位。

可惜的是，这些留学生归国后未能充分施展才华，大多是学非所用，如欧阳赓获机械工程学位，从美国回来后却当上了外交官，以升任旧金山领事、智利代办而终其一生，他所学的机械工程专业则没有派上用场。詹天佑获得土木工程学位，以后在铁路工程方面作出了卓越贡献，但总其一生，回国 40 年，有 10 年是用非所学，其余 30 年，以詹天佑之才智和毅力，在偌大的中国也只不过铺下几百公里的铁路。一些留欧学生在回国后也出现了"我才弃为彼用，我用转需彼才"的怪现象。但是，这些问题并不是留学教育本身带来的，因此，我们不能完全否定洋务派办理的留学教育，应该更多地看到它给中国近代社会所带来的积极后果。洋务派的留学教育首开中国近代留学教育之先河，并使中国近代教育开始走向世界。

3 旧瓶装新酒——书院和科举的改革

洋务派认识到传统书院的流弊，要求改革传统的书院制度，认识到改革传统书院制度的迫切性。他们指出传统书院最大的流弊就在于空谈讲学和沉溺词章，而这对于挽救民族危机都是无所裨益的。他们认为这些传统的课程比杀人亡命之徒对人们的伤害程度还要大，"夫杀人者，只害一人，而时文诗赋，直害千万人"，甚至危及整个国家和民族的生死存亡。他们深切感到整顿和改革传统书院已成当务之急，认为可从以下几个方面整顿和改革传统的书院制度：（1）改革课程设置，不仅要学习中国的儒家经典，还要增加西方自然科学、技术科学和语言文字等课程，做到所谓的"道艺兼顾"。（2）改革教学方法，使学生每天都能正常学习，改变书院过去有名无实的状况。（3）慎重师道，聘请教师一定要是学有专长的饱学之士，不仅要聘旧学教师，而且还要选聘新学教师。（4）购置图书涉及面要宽，不仅购置中文图书，而且要购置西方自然科学、技术学科乃至社会科学方面的书籍。（5）选派学有所成的学生到欧美留学观光和考察，以广见闻，增加学识。（6）保障书院经费来源，使书院有一项可供开支的常年经费，改变过去书院经费由地方官吏掌握、官去费无的状况。（7）改革书院考试制度，增加天文、算学和格物之学等课程的考试。首次将上述主张付诸实践的是陕西味经书院。

陕西味经书院是由陕西学政许振祎于1873年创办的。它的最大特点就是把西学课程置于与中学课程同等的位置，味经书院规定学生每天以2小时讲阅经史，以2小时学习西艺西书，将中学与西学进行对比把课程分为四类："《易经》、四书，先儒性命之书，为道学类，须兼涉外洋教门、风土人情等书；《书经》、《春秋》、历代正史、《通鉴纲目》、《九朝东华录》等书，为史学类，须兼涉外洋各国之史，审其兴衰治乱，与中国相印证；三礼、《通志》、《通典》、《通考》、续三通、皇朝三通，及一切掌故之书，为经济类，须兼涉外洋政治，万国公法等书，以与中国现行政治相印证；《诗经》、《尔雅》、《十三经注疏》及《说文》，先儒考据之书，为训诂类，须兼涉外洋语言文字之学以及历算，须融中西。"从这里可以看出味经书院的课程已有相当的关于西方社会科学等方面的内容，这在当时是首开风气的。同时，味经书院也看到西方自然科学技术知识的重要性："地舆必遍五洲，制造以火轮舟车为最要，兵事以各种枪炮为极烈，电气不惟传信且以作灯，光镜不惟测天且以焚敌，化学之验物质，医学之辨人体，矿学之察地脉，气球以行空，气钟以入水，算学为各学之门径，重学为制造之权舆，诸艺皆天地自泄之奇，西人得之以觊我中国，我中国不收其利将受其害，可不精心以究其所以然乎？"只是开设这些自然科学技术课程需要大量的教学器材，只有逐渐购置才能进行教学。

陕西味经书院所代表的中国传统书院发展的新趋势，使古老的书院制度再现勃勃生机，继味经书院之后，全国各地都出现了类似的新式书院，如上海格致书院、求志书院、正蒙书院，广东广雅书院，湖北两湖书院，江苏南菁书院，厦门博闻书院，江西友教书院等。

随着新式学堂的出现和传统书院的改革，洋务派官僚认识到，只有改革旧的科举制度才能解决研习西学的知识分子的出路问题。1870 年 10 月沈葆桢和英桂会同上奏，认为算学是西学的根本，要求在文科考试中增开算学一科，以此来鼓励一些知识分子深入研究西学。与此同时，丁日昌也要求在武科考试中将传统的科目改为枪炮，1883 年陈启泰又要求在武科考试中增设水师一科。1884 年潘衍桐主张在文科考试中增开艺学科，并提出了具体的措施。这里的所谓艺学，是指西方的制造技术和语言文字。由于顽固派的反对，直到 1887 年清政府才批准在文科考试中增加算学科，把考中算学科的知识分子与考中传统科目的知识分子同等看待，视为正途，而关于武科考试的变革却迟迟得不到清政府的批准。

 ## 洋务派教育活动的指导思想

洋务派创办新式学堂、派遣留学生、整顿传统书院和变革科举等教育活动都是以"中学为体，西学为用"这一思想为指导的。

洋务派认为，凡一切封建主义的典章制度和伦理思想，都属于"中学"的范畴，凡有利于巩固封建统治秩序的"西文"即西方各国语言文字和"西艺"即西方自然科学技术知识等，都属于"西学"的范畴。所谓的"中学为体"就是以封建伦理思想、中国的经史之学作为一切学问的根本，所谓的"西学为用"就是在尊孔读经、坚守礼教的前提下，教学一点西方的语言文字、法制规章和为半殖民地工业服务的自然科学知识。因此，"中学为体，西学为用"的实质，就是在封建专制制度和封建伦理纲常绝对不能动摇的条件下，接纳一些西方资本主义的科学技术和语言文字等有用的东西。它是洋务派为了维护封建专制制度和半殖民地半封建统治秩序而精心炮制的指导思想，是资产阶级文化和封建文化的混合体，既反映了封建统治阶级的利益，又在某种程度上体现了资本主义列强侵略的需要，为在中国发展半殖民地半封建教育提供了理论根据。张之洞是"中学为体，西学为用"思想的阐述者，他于 1898 年发表的《劝学篇》系统地论述了这一思想。

张之洞特别强调用三纲五常等封建伦理道德去教育学生和人民，主张把"忠孝"作为各级学校立学的根本，要求在教育上采取钳制思想的专制主义政策。在他主持制定的《学务纲要》和《各学堂管理通则》中规定："京外大小文武各学堂，均应钦遵谕旨。""教习学生一律遵奉圣谕广训。""各学堂学生不准干预国家政治及本学堂事务，妄上条陈。"他还从"夫为妻纲"的观点出发反对男女教育平等的思想，说什么"中西礼俗不同，不便设立女学"，在他主持制定的癸卯学制中根本没有女子教育的位置。

"中学为体"体现在课程设置上就是"中学"应占所有课程的主导地位，学生应把学习"中学"放在首位。张之洞所谓的"中学"主要是指中国的经史之学，他的教育目的就是要使学生像西方人信仰宗教一样崇奉中国的封建经学和旧的礼教，因此，洋务派"中学为体"的本质是维护封建专制的统治秩序。

张之洞把"西学"归纳为"西艺"和"西政"，他说："学校、地理、度支、赋税、武备、律例、劝工、通商，西政也；算、绘、矿、医、声、光、化、电，西艺也。"他认为在"中学为体"的前提下，开办一些学校、工商业、报馆等和接纳一些西方资本主义的自然科学技术，是可以变通的，但他的"西艺"和"西政"排除了那些动摇封建统治、解放人们思想的资产阶级民主自由的政治学说。因此，张之洞的"西学"是严格限制在一定范围内的，正因为如此，才不至于因提倡西学而动摇封建统治秩序，也不至于因"中学为体"而拒绝接纳西学。在张之洞看来，提倡西学而反对中学和提倡中学而反对西学的态度都是片面的，只有"中学为体，西学为用"才是不偏不倚的正确思想。张之洞举办"西学"教育的目的就是适应不断变化的形势，即所谓"西学治世变"或"西学应世事"，寻求解决不断变化的形势所产生的新问题的途径，归根到底还是要维护摇摇欲坠的封建统治。

但是，也必须承认"中学为体，西学为用"的口号，在向西方学习的初始阶段有一定的积极意义。主张"西学为用"，强调向西方学习，承认"西学"的"用"，就是对顽固派仇视新事物的一个否定，而"用"的推行的最后结果也不可能不触动万古不变的"体"。所以，最初提倡"中学为体，西学为用"，从提倡和维护"西学"方面看，打开了向西方学习的门户，实行了教育的初步改革，是顺应历史潮流的；可是到了资产阶级维新派要求实行君主立宪，提倡维新教育时，洋务派的这个指导思想就具有抵抗维新运动的反动作用了。

三 清末新学制的创立

19世纪90年代，特别是甲午战争以后，中国正处在被帝国主义瓜分的严重民族危机的时刻，在国内的阶级矛盾极端尖锐和民族资本主义有了初步发展的条件下，一股要求挽救民族危机和发展资本主义的维新思潮涌现，并进而激发起一场轰轰烈烈的群众性政治运动——戊戌维新运动。

 ## 维新思潮教育观

维新思潮是由早期改良主义思想发展而来的。70年代由于洋务运动促进了中国资本主义工商业的产生和逐步发展，中国出现了民族资产阶级，他们不仅受到外国资本主义和国内封建势力的压迫，而且还受到洋务派的限制，所以他们所办的工业只能是轻工业，由于资本少、规模小和技术落后，在资金和产品市场上对封建主义和外国资本主义都存在依赖关系。因此，要求保护和发展民族资本主义的早期改良主义思想应运而生。以冯桂芬、王韬、薛福成、马建忠、郑观应等为代表的一派人认为，要保护和发展民族资本主义，实现改革，就必须有一批新的掌握"西学"、发展资本主义工商业的人才，而这种人才，不是空疏的封建教育所能胜任的，因而提出了一系列教育改革的主张。这些主张大致可归纳为下述三个方面：（1）改革科举制度。他们揭露和批判科举制度的弊端，针砭科举内容的空疏和不切实用以及八股文对人们思想的禁锢，要求在科举考试中废除八股文，注重经术、史事、经济、舆地、算学等实学科目，停止虚浮矫作的武举考试，增加算学科或西学科。在这个问题上，早期改良主义思想家和洋务派是基本一致的。（2）提倡学习西学。他们认为要培养出新的人才，赶上先进的资本主义国家，必须学习西学。洋务派所提倡的西学侧重于自然科学方面，而早期改良主义思想家所提倡的西学已经包括了西方的自然科学、工艺科学和社会科学中的诸多学科，甚至涉及西方资本主义的政治制度和政治学说，因此，这是早期改良主义思想家和洋务派之间的重要分水岭。（3）改革书院，设立学校。他们认为旧式书院是为科举考试做准备的，学习内容陈旧，教学方法落后，它不可能承担起培养新式人才的任务，所以必须从教学内容和方法上对旧式书院进行改革，增加西学的内容，仿照西方的学制，设立分高、中、初三等包括普通教育、实业教育、师范教育、军事教育等在内的完整的学校系统，采取班级授课的形式，有些人还建议将书院改为学堂。

资产阶级改良主义思想对随之而来的维新思潮起

了一定的启蒙作用。维新思潮的代表人物康有为、梁启超、谭嗣同、严复等进一步发展了早期改良主义思想，提出了更为全面和系统的教育主张和思想。

康有为非常重视教育的作用，把教育事业当做进行政治改良、救亡图存和振兴中国的重要手段。他认为一个国家的强弱，关键是看国民智慧的高低，而智慧又是要靠教育来发展的，中国之所以积贫积弱正是由于教育不发达和民智没有开启。他还认为后天的教育对个人的善恶智愚也具有重要意义，而教育的最好途径就是兴办学校。所以，为了发展个人的智慧，进而使国家富强，就必须大力兴办教育，开办新的学堂。他进一步指出中国之所以民智不开，是因为清政府采取八股取士的科举制度。这种八股取士的制度使人们不读秦汉以后的书籍，不研究世界各国的形势，从而使官吏不能应付不断变化的形势，不能做出富有现实意义的好事。他痛心疾首地说："台、辽之割，不割于朝廷，而割于八股，二万万元款，不赔于朝廷，而赔于八股，胶州、旅大、威海、广州湾之割，不割于朝廷，而割于八股。"他认为，要变法，最急迫的任务就是培养变法的人才，而要培养变法的人才，最重要的就是废除八股取士，改试策论，兴办学校。他要求将书院和祠庙改为学校，在乡设立小学，在县设立中学，在省、府设立专门高等学校或大学，在京师设立京师大学堂，力图在中国建立类似于西方的近代学制。"变科举、兴学校"是康有为教育思想的核心。他还在他的《大同书》中对未来大同世界的教育图景进行了具有非凡想象力的描绘，从中可以看出：他倡导教育平等，特别重视女子教育，并规定了从出生到 20 岁的义务教育期限，构想了相应的前后相衔的学校体制。在这个学校体制中，他进行了年龄分期，试图按年龄特征进行教育，他强调了胎教的意义，重视幼稚教育。所有这一切思想实质上是以已实行的资本主义教育制度为蓝本进行的设想，反映了中国资产阶级发展资本主义教育的愿望。

梁启超同康有为一样，也从救亡图存的角度，对教育的作用给予极高的评价。他认为国家的强弱是以教育为转移的，只有行变法、兴学校、育人才，才能开启民智，富国强兵，摆脱民族危机。与康有为不同的是，他在对教育作用高度重视的同时，明确提出了兴学校、办教育必须有一个确定的宗旨，他提出教育的目标应该是培养"新民"，也就是培养具有资产阶级政治信仰、思想观点、道德修养和发展资本主义工商业所应有的知识技能的人。他是中国近代教育史上较早注意教育目的的人。他认为兴学校是开启民智、提高国民文化教育素质的主要手段，而现行的以八股取士的科举制度是兴学校的一大障碍。他强调说："变法之本在育人才，人才之兴，在开学校，学校之立，在变科举。"这是因为如果科举不废，那么，人们将沉醉于研习八股和楷法，孜孜追求功名利禄，而不愿进入新式学校学习西学，这样，就很难创办新式学校，也很难选拔到具有真才实学的人才。他提出模仿日本的学校制度，按照儿童的身心发展特点，建立中国的教育制度：5 岁以下为"幼儿期"，受家庭教育或幼稚园教育；6 岁至 13 岁为"儿童期"，受小学教育；14 岁至 21 岁为"少年期"，受中等教育或相应的师范教育、实业教育；22 岁至 25 岁为"成年期"，受大学教育，大学分文、法、师范、医、理、工、农、商诸科。此外，他还提出了设立"政治学院"以培养具有变法思想、有才干、懂得政治法律的人才。难能可贵的是，梁启超还提出了设立师范学堂的主张，他认为，要变法兴学，在京师及各省府州县遍设学校，教授中学和西学，就应该首先解决师资问题，而原来的学官、书院山长及蒙馆的先生不能适应新式学校的需要，延请外国教习也有很多困难，因此，设立师范学堂，培养新式学校的师资，就成为变法兴学的第一要义。不仅如此，梁启超还从提高国家学术水平的角度，充分肯定了师范学堂的重要地位。他仿照日本并参考中国的国情提出了设立师范学堂的具体办法。梁启超还倡导女子教育，他认为美国、英国、日本等国的强盛，原因之一就是妇女受教育，而中国的衰弱，原因之一正是妇女不受教育，他指出如果妇女有了知识，便可就业，各能自养，从家庭看，可以使家庭和睦，教育好子女；从胎教的意义看，可以保国保种，因此必须反对"女子无才便是德"的封建观念，提倡女子教育，兴办女子学校，凡是男子可学的，女子也可以学。梁启超关于女子教育的主张反映了他要求解放妇女、要求男女平等的思想。

谭嗣同是戊戌维新运动时期在反对封建文化教育

的斗争中最杰出的一位战士，他的思想充满了向封建正统观念战斗的精神。他对当时的封建教育给予严厉的批评，他认为当时读书人徒尚空谈不务实学，并称他们为亡国之士，而造成士大夫不学无术的主要原因乃是科举制度，因而他把变革科举制度作为进行变法维新的根本前提。他还对维护封建统治秩序的三纲五常作了深刻的揭露与批判，指出三纲五常是封建统治者用来束缚人民身心的枷锁，一切封建的刑律制度都是根据它制定出来的，认为人民绝对没有为君主"死节"的道德，君主必须为"人民办事"，否则人民可以起来反抗；父子是平等的，都是天的儿子，而夫妇也是平等的，是在两厢情愿的基础上成立家庭的，所以，重男轻女是暴乱无礼之法。他对君臣伦理攻击尤为激烈，认为"二千年来之政，秦政也，皆大盗也"，把君主称为独夫民贼。谭嗣同一方面反对当时旧的封建文化教育，另一方面也努力提倡资本主义国家的新的文化教育。他主张广兴学校，使一乡一村皆有学校。同时要求对教学内容进行改革，特别注意对实学的传授，把改革学校教育作为变法的根本。他努力提倡实行西洋资本主义国家的教育制度，设置各级各类的学校教育如初学院、中学院、上学院等。他提倡义务教育，"凡子女生八岁不读书，罪其父母……一家不读书，五家皆坐罪"。他要求开设女学校，使"妇女无不读书"，他对西洋学校重视实验和实用尤为注意，认为中国教育最大的毛病就是脱离实际，不讲实学，所学非所用。除了创设学校外，对于开学会、办报纸，谭嗣同也不遗余力地提倡，认为这些是培养"新民"，促进维新运动的三种主要教育途径。他正确地认识到只有先取得政权进行变法以后才能使教育发挥作用，指出如果不变法，"虽圣人不能行其教"，这样他基本上辩证地处理了变法与教育之间的关系，但是他过分夸大了"心"的作用从而导致过分夸大"正人心"的教育作用，结果把变法维新的希望仅仅寄托在"正天下人心"上面，堕入了历史唯心主义的泥坑。

严复和其他维新思想家一样把教育作为维新运动的首要任务，他所提倡的教育包含三个方面即体育、智育和德育的内容。他认为当时救国的要政就是要致力于体、智、德三方面的教育。他之所以重视教育是因为他强调必先有自由、民主的能力，然后才有谈自由和民主的资格。他认为要兴西学，除了要废除八股，多译西书外，还要多办学校，主张实行如西方那样强迫的义务教育，如果"民不读书，罪其父母"。他提出了一个比较详细的学校教育制度的新计划：在初等教育方面，儿童在 16、17 岁以前应当受初等教育，入蒙学堂与小学堂，学堂功课 9/10 学习旧学，此外可用明白易懂的语言文字翻译一些西学普通常识与中学相辅而教；在中学教育方面，他主张从 16 岁至 20 岁是中学堂学习的年限，中学堂的功课西学占 7/10，中学占 3/10，并且全部用西文授课；在高等教育方面，他主张学生在中学堂学习后进入高等学堂接受 3 至 4 年的预备科教育，以后就学习各种专门的业务，高等教育偏重西学，中学不设功课，主讲教师皆聘西人；此外他对留学教育也非常重视，但他特别注意留学生出国之前应该妥加准备，至少须学习西文3年，其中2年专学西语，1年专学科学。他主张教育应以科学为第一，政学次之，反对把教育作为政治手段的主张。严复在维新运动期间对洋务派"中学为体，西学为用"的思想表示反对，并提出自己带有全盘西化学术倾向的主张，他认为洋务派所提倡的"中学"已经是腐朽不堪、不合时宜的东西，而其所提倡的"西学"也不外是天文、算学、格致、枪炮、机器等西学的皮毛外表，不是西学的命脉所在。他认为西学的命脉主要的是西方的治学方法，其中他特感兴趣的就是"黜伪崇真"的名学和"屈私而为公"的"刑政"道德。他认为"体"、"用"乃是同一事物的两个方面，是不可能分开的，不能以中学为体而又以西学为用，即所谓"中学有中学的体用，西学有西学的体用"。他指出中国人如果"好古忽今"，沉溺于中学，是不能挽救祖国危亡的。

 维新思想家们的教育活动

维新思想家们高度重视教育的作用，猛烈抨击中国传统的儒家礼教和八股取士的科举制度，要求兴办新式学校，提倡学习西学，把西学的范畴又向深度作了拓展，纷纷提出了具有资本主义教育性质的教育计划，对中国近代新式教育体制的确立起了催生的作用。不仅如此，维新思想家们还致力于教育实践活动，努力宣传和实现他们提出的各项教育主张，维新思想家们的教育活动主要表现在建学会、办学堂和设报馆三个方面。

建学会：最著名的学会有康有为、梁启超等于1895 年在北京、不久又在上海所设立的强学会和1898 年在北京设立的保国会，由谭嗣同等在湖南所组织的南学会和湘学会等。此外，各省多设有宣传维新思想的学会，如粤学会、桂学会、蜀学会、闽学会、浙学会、陕学会、苏学会等，各学会的宣传活动的方法虽然不尽相同，但大都是以翻译西书、发行报刊、学术讲演等为主，如上海强学会章程就规定了该会的 4 项工作任务是译印图书、刊布报纸、设图书馆及博物院、每十日集会一次等。各地还设有各种特殊的研究学术和社会改良的学会，如农学会、算学会、蒙学会、译书公会、女学会、无足会、禁烟会等，不一而足。

办学校：最著名的有康有为于1891～1895 年在广州长兴里设立的万木草堂和梁启超、谭嗣同等于1897～1898 年在长沙主办的时务学堂，此外还有严复于1896 年在北京创办的通艺学堂、谭嗣同等于1897年创办的浏阳算学馆、陈芝昌等于1898 年在广州创设的时敏学堂。维新思想家们对女子教育也很重视，如梁启超 1897 年就倡设女学于上海，1898 年在上海又出现了吴怀疢创办的务本女学和经元善创办的经正女学。

设报馆：康有为为了以维新思想去影响王公大臣，

于 1895 年 7 月自己出资创办《中外纪闻报》，这是维新运动最早的报纸。1896 年 7 月由汪康年、梁启超等人发起创办的《时务报》是维新派影响最大的报纸。《蒙学报》是由蒙学会主办的有关儿童教育的报纸，报中经常刊登教育儿童方法的文章和翻译介绍东西各国新的教育方法，是维新运动时期教育战线上介绍西方资产阶级教育思想的阵地，在传播西学、抨击封建教育方面起了一定作用。较有影响的还有严复于 1897 年在天津创办的《国闻报》和《国闻汇编》、谭嗣同于 1891 年在湖南主编的《湘报》等。

据梁启超《戊戌政变记》的不完全统计，1895～1898 年，各省设立的学会、学堂和报馆共有 51 处，其中学会 24 处，学堂 19 处，报馆 8 处，但这不过是规模较大的学会、学堂和报馆的统计数字，实际上远不止这个数目，遍布全国各地大大小小的学会、学堂和报馆约有 300 余处。这些学会、学堂和报馆在介绍西学、传播维新思想、唤起人们起来改革社会等方面起了重大的思想启蒙和教育作用，在一些地方出现了"家家言时务，人人读西学"的情景。有些清朝官僚买办也因受维新思想家们宣传教育的影响开始创办一些中国最早的新型公立普通学校，其中比较有名的是盛宣怀于 1895 年在天津创办的西学学堂（1903 年改为北洋大学堂）和 1897 年在上海创办的南洋公学（上海交通大学的前身）。总之，维新思想家们的宣传教育活动使人们开始从封建思想的桎梏中解放出来，为维新变法运动提供了思想基础。

百日维新中的教育改革措施

1898年德国强占胶州湾，中国面临被瓜分的严重危机，以康有为为首的维新派几经周折取得光绪帝的支持，进行变法维新。从6月11日至9月21日，光绪帝颁布了一系列除旧布新的法令措施，其中涉及教育方面的法令，主要有以下内容：（1）废除八股，改革科举制度。凡国家的会试、省级的乡试及府县的生童岁科，旧用的八股文，一律改试策论，各级考试仍定为三场：一试历史政治，二试时务，三试《四书》、《五经》，以后一切考试和取士，均以讲求实学实政为主，不凭楷法（写字）好坏为取舍标准。在规定的考试外，又开设考试经世致用学问的"经济特科"，选拔新政人才。（2）设立各级各类学校，在北京设立京师大学堂（北京大学的前身），将原设的官书局和译书局并入京师大学堂。各地旧有的大小书院一律改为学堂：省会的书院改为高等学堂，府城的书院改为中等学堂，州县的书院改为小学堂，民间祠庙不在祠典者也改为学堂。各级学堂包括地方捐办的义学、社学都必须中西兼习，所有中小学生应读之书，都由官书局编印。此外还筹备设立铁路、矿务、农务、茶务、蚕桑、医学、编译等各类专门学堂。京师大学堂不仅是各省学堂的表率，而且还有统辖各省学堂的权力。（3）改《时务报》为官办，鼓励自由创立报馆、学会。各省士民著作新书、创行新法、制成新器，合用实用的均给予奖励，或者量才授予实职。（4）派人出国游学。由各省督抚就学堂中挑选聪颖学生有志深造者，派赴日本游学。

上述教育改革法令的内容与维新派的教育改革主张基本一致，实质上体现了资产阶级维新派在文教方面的愿望，带有明显的资产阶级教育的色彩，是对传统的封建旧教育的重大冲击。这些改革法令深受当时民族资产阶级和开明地主的拥护，对广大的青年知识分子也起了很大的鼓舞作用，广西、山西、直隶、江苏和山东等省都积极筹办新式学堂。

但是，由于民族资产阶级的软弱性和顽固派势力的阻挠和破坏，仅仅103天的变法维新就以慈禧太后发动的戊戌政变而宣告失败，史称"百日维新"。因此，绝大部分改革措施没有付诸实施，而且政变后仅一两个月，封建顽固派就陆续恢复旧制，废除了除设立京师大学堂以外的所有变法法令和措施。

尽管变法维新运动失败了，但它在教育方面的影响是巨大的：（1）维新变法运动遗留下来的京师大学堂具有重要意义，它表明维新教育改革在一定范围内取得了进展，同时标志着中国近代高等教育进入了创立的阶段，设置专职教育行政官吏也从此开始。（2）各地公私立学校从此发展很快，尤其是私人设立学校得到很大的鼓励。按梁启超的记载："政变以后，下诏废各省学校，然民间私立者纷纷出现，亦由民智已开，不可抑遏，则此诏之功也。"（3）到义和团运动以后，清政府为了缓和人民的反抗情绪，讨好立宪派和帝国主义侵略势力，实行"新政"，这些法令措施又次第恢复实行。由此可见，历史发展的潮流是无法阻挡的。维新派在文化教育领域里勇于改革的精神和在中国近代教育史上所起的进步作用是应该肯定的。

 ## 中国近代第一个学制的出现

虽然清末"新政"在实质上是清政府玩弄的"假变法"，但是，从中国教育史的角度看，它在教育领域里的变革远远超过了维新变法运动中的教育改革法令措施，而且在烈度和深度上也更大，完全废除了科举制度，确立了中国半殖民地半封建的教育制度——癸卯学制。

科举制度的废除约可分为三个步骤：首先是对科举内容的改革。1901年清政府明令废除八股，改试策论，并废除武试；其次，递减科举取士名额，以学校毕业生代替。1901年张之洞、刘坤一奏请递减科举取士名额，以学堂生员补充。1903年张百熙、荣庆、张之洞等上奏提议"从下届丙午科起，每年递减中额三分之一"，为学堂取士之额。这种办法实际上是将科举与学堂合并为一。最后是对科举制度的全部废除。1905年直隶总督袁世凯、盛京将军赵尔巽、湖广总督张之洞、两江总督周馥、两广总督岑春煊等奏请停止科举，兴办学校。他们认为，科举一日不停，学堂绝无大兴之望。若能停止科举，建立学校，则可以"广学育才，化民成俗，内定国势，外服强邻，转危为安"。清政府迫于形势，于1905年9月2日下令"立停科举以广学校"。这样，从隋朝大业二年即公元606年起在中国实行了1300年的科举制度完全废止，这是中国教育改革史上的一件大事。从此，中国封建时代的旧教育制度在形式上完全结束，新的教育制度得以建立，中国教育开始进入一个新的发展阶段。

新的教育制度产生于1902年张百熙所拟的《钦定学堂章程》，完成于1903年张之洞、张百熙、荣庆合订的《奏定学堂章程》。

《钦定学堂章程》分《京师大学堂章程》、《考选入学章程》、《高等学堂章程》、《中等学堂章程》、《小学堂章程》和《蒙学堂章程》等，从形式上看，确实是比较完整的学校系统，是中国近代第一次法定的学制体系。因为1902年为壬寅年，所以称"壬寅学制"。该学制分学校为7级：蒙学堂4年，寻常小学堂3年，高等小学堂3年，中学堂4年，高等学堂或大学预料3年，大学堂3年，大学院无定期；儿童6岁入学至大学毕业共计20年。此外，与中学堂并行的有中等实业学堂和中学堂附设的师范学堂，与高等学堂并行的有高等学堂附设的高等专业实业学堂、仕学馆和师范馆。壬寅学制虽然颁布，但因学制本身不够完备和清政府对学制的拟订人张百熙存有戒心，没有正式实行。

《奏定学堂章程》是我国近代第一个比较完整、经正式公布后曾在全国范围内实际推行的学制，它对旧中国的学校教育制度在组织形式上影响很大，清末民初的新学校教育制度都是以此为依据的。因1903年为癸卯年，所以称为"癸卯学制"。癸卯学制有明确的教育宗旨，1906 年清政府学部正式规定以"忠君"、"尊孔"、"尚公"、"尚武"、"尚实"为教育宗旨。该学制共分 3 段 7 级，长达 29 年到 30 年：第一阶段为初等教育，分为蒙养院 4 年，初等小学 5 年，高等小学 4 年，共 3 级 13 年；第二阶段为中等教育，设中学堂 1 级共 5 年；第三阶段为高等教育，分为高等学堂或大学预备科 3 年，分科大学堂 3 年到 4 年，通儒院 5 年，共 3 级 11 到 13 年。此外，与高等小学堂平行的有实业补习学堂、初等农工商实业学堂和艺徒学堂；与中学堂平行的有初级师范学堂、中等农工商实业学堂；与高等学堂平行的有优级师范学堂、实业教员讲习所和高等农工商学堂，属于高等教育性质的还有在京的译学馆、外省的方言学堂、为新进士学习新知识而设的进士馆和为已仕官员学习新知识而设的仕学馆等。

为了从组织上保证癸卯学制的推行，清政府于 1905～1906 年间成立了从中央到地方的教育行政机关和官吏，管辖全国教育。1905 年成立中央教育行政机关——学部，作为统管全国教育的正式行政机关，并将旧有的国子监并入，中央学部的最高长官为尚书。1906 年清政府下令一律裁撤各省提督和从 1903 年起各省设立的临时教育行政机关如学务司或学校司等，另设提学使司，专管各省教育事务，提学使司设提学使 1人，统辖全省学务。1906 年还于各府厅州县设立劝学所作为它们的教育行政机关，劝学所设总董 1 人，由县视学兼任，每府厅州县划分为若干学区，每学区由总董推举劝学员，负责推行本区的一切学务。此外在各省府厅州县还设立了教育行政的辅助机构，即各级教育会。

癸卯学制的确立和推行具有重大意义：

（1）19世纪70年代起，随着洋务运动的兴起，相继建立了一些洋务学堂；维新运动中，又出现了一批新式学堂；1901年以后，根据清政府兴学的诏书，各地又纷纷设立新学堂。这一切，客观上需要一个统一的学制来协调管理，而且不论是外籍传教士，还是洋务派官僚，抑或是早期改良主义思想家和维新派，都曾有过建立近代学制的要求和构想，因此，癸卯学制的确立和推行适应了这些客观要求和主观构想，为中国新型学制的建立奠定了基础。

（2）它把学校教育分为初等教育、中等教育和高等教育，并分别规定了各级学校的培养目标、年限、入学条件以及相互的衔接关系。同时把实业学堂、师范学堂正式纳入学制，这对于培养各级各类学校的师资和各行各业的技术人员起了一定的作用。

（3）在课程设置中引进了不少西学的内容，国家还设立译书馆翻译、编辑和出版了有关西学的教科书和其他著作，这样就加速了西学在中国的传播及其对青年知识分子思想的影响，到后来逐渐出现了一批又一批的反帝反封建的先进知识分子。

（4）癸卯学制的确立和推行促进了各级各类学校的发展。根据清政府统计，1909年全国有高等学校127所，中学堂460所，小学堂51678所，各种实业学堂254所，师范学堂514所，合计53033所。

但是癸卯学制几乎完全抄袭日本学制，虽然形式上披上了资本主义教育制度的外衣，其实质却还是受封建思想的支配和"中学为体，西学为用"教育纲领的影响，使得癸卯学制带有明显的半殖民地半封建的性质。首先是封建性。癸卯学制的指导思想是："以忠孝为本，以中国经史之学为基。"因此各级学校的经学课程都占很大比重，如初小占2/5，高小占1/3，中学占1/4，每逢节假日，学生必须对万岁牌和孔子牌行三跪九叩之礼，规定学生不得干预国政、议论国事，力图加强对学生的思想控制。在"男尊女卑"封建观念的支配下，整个学制中女子教育没有地位，直到1907年才正式设立女子师范及小学，在中学及大学中仍然没有女子的地位。癸卯学制还保留着科举的色彩，毕业考试在许多地方还是仿照科举考试，毕业奖励又都按照考试成绩的等级授予科举出身资格，学生还存在着求取功名利禄的读书心理，而不是求实学。其次是等级性。癸卯学制从表面看来似乎取消了门第等级的限制，甚至在《小学堂章程》中有凡国民7岁以上者入初小的规定，但在录取学生的条件上，却仍有等级限制，其中规定京师大学堂的学生"须觅同乡京官为保人，出具确实具保印结，京堂翰林御史部属皆可"，"京城学堂须常有保人在京，外省学堂须常有保人在省"。这对下层社会的劳苦大众来说是甚为苛刻的，他们的子弟就可能因为找不到这些地位崇隆的达官贵人做担保而不能入学，因此一般的劳苦大众是被排斥在新学制之外的，而且整个学制长达29到30年，如此漫长的学习年限所需的昂贵学习费用，一般劳苦大众也是负担不起的，只得徘徊在新学制的门槛之外。最后是买办性。在规定的课程中，加入了一些西学课程，虽然有适应中国近代工商业发展的一面，但却有相当数量的课程不切中国实际，客观上适应了帝国主义和买办阶级的需要。此外，整个学制特别重视留学教育，几乎将国内的一切教育都置于留学的预备教育位置上，留学教育成为中国教育的"灵魂"。留学教育在近代是帝国主义进行文化侵略，使中国教育殖民地化的一种重要手段。所有这些都表明了癸卯学制具有一定的买办性。

留学教育的进一步发展

留学教育是清末"新政"的又一项重要内容，也是新学制的重要组成部分。1901年9月清政府流亡西安时，就通令各省选派留学生，如果学成回国，分别赏给进士、举人各项出身。1902年10月清政府从西安回京不久，又急忙督促各省督抚选派留学生。这时去日本的留学生最多，一方面因为日本较近，用费较省，语言文字的障碍较少，另一方面也因为中国朝野人士从甲午战争认识到日本的明治维新给日本带来的力量，企图从那里学得富强之道，清政府对留学日本倍加鼓励。到1907年留日学生人数达到15000余人，但是在1906年以前，清政府对留学生没有统一的管理章程，1906年学部拟订了各种留学资格、管理和奖励、回国留学生考试和出国留学生考试等章程，形成了一种留学制度。

　　留学生当中虽有部分人不专心求学或甚有人为国内反动派所利用，但是，实际上去外国学习的也有不少先进的知识分子，他们不满于国内学校的腐败，抱着"自强"的幻想跑到国外去学习，他们或多或少地有了资本主义的科学知识，富于政治热情，其中不少人因受到当地帝国主义的压迫，加深了对帝国主义的仇恨，对本国政府的媚外投降政策更加不满而走上了革命的道路。事实也是如此，辛亥革命前的留学运动对当时的革命活动常起着先锋和桥梁的作用。中国近代最早的领导全国革命的小资产阶级和资产阶级政党——中国同盟会于1905年在东京成立，最早参加这个革命政党的成员有许多就是当时的留日学生。1905年留日学生因日本公布《取缔清韩留日学生规则》而感到"有辱国体"，全体罢课，200多人回国。归国的留学生多成为在中国各地组织武装起义，宣传革命活动的积极分子。

　　历史的发展往往出乎反动阶级的意料，清政府的"新政"原本是为了巩固封建统治，使苟延残喘的封建制度继续下去，但是，清末"新政"的教育改革培养了一批新型的知识分子群，并从中孕育出了资产阶级革命派。资产阶级革命派在同盟会领导下，不断开展武装起义，进行革命的教育活动，最后发动了辛亥革命，推翻了清朝政府。历史就是这样嘲讽一切反动势力，让它们培养埋葬自己的革命力量。

四　革命派的“革命教育”

在辛亥革命的准备时期和革命过程中，资产阶级革命派十分重视发挥教育的作用。他们主张“革命与教育并行”，要求教育服从于民主革命的需要，把学校作为传播民主革命思想的阵地和培养革命人才的场所，有些学校实际上成为反清的革命据点。

资产阶级革命派的
“革命教育”观

资产阶级革命派主张进行“革命教育”，用革命的教育来动员群众同情和参加革命运动，反对传统的“奴隶教育”和改良派的改良主义教育。所谓“革命教育”就是以推翻满族统治，恢复自由平等的天赋人权和培养资产阶级政治法律观念为目的，以三民主义为总方针的教育。孙中山特别强调“革命教育”的重要性，他大声疾呼：“革命之前，须有教育；革命之后，须有教育。”他认为“根本救国，端在唤醒国民”。他甚至说：“革命成功极快的方法，宣传要用九成，武力只可用一成。"因此，资产阶级革命派和传统的旧文化教育展开了斗争，他们常把"革命教育"与封建传统的"奴隶教育"对立起来。他们认为中国过去几千年的封建专制制度下的教育都是卑污狗贱的"奴隶教育"；当时由清朝统治者所开设的学堂都是"奴隶学堂"，其目的无非在于培养为清朝封建统治者服务的"奴隶"；指出传统的封建伦理教育是"造奴隶之教科书"。他们在批判封建教育的同时，提出了昌女权和兴女学的要求。为了振兴女权，他们特别注意提倡女子教育，认为女学不兴乃是"亡国之源，亡种之源"；号召中国妇女"规复天赋之权利，以扫除依赖男子之劣根性，各自努力于学问，以成救国之女豪杰"。在这个问题上，资产阶级革命派比起改良派前进了一大步，不仅以昌女权、兴女学来批判封建专制主义教育，而且把它同反"压制"、反"束缚"的爱国革命运动联系起来。

资产阶级革命派与改良派在教育的问题上也展开了激烈的斗争。资产阶级改良派是由维新派转化而来的，以后又进一步转变为保皇派、立宪派，他们认为君主立宪才是唯一正确的救国道路，要实行君主立宪，首先要普及教育，也就是要开启民智。1902 年康有为发表了《答南北美洲诸华侨论中国只可行立宪不可行革命书》，极力主张立宪，反对革命，宣传先教育后革命的观点。章太炎针锋相对地发表了《驳康有为论革命书》，指出："今日之民智，不必恃他事以开之，而但恃革命以开之。"在改良派中，还有一部分人既不赞成君主立宪，也不赞成革命，而是主张"教育救国"，这以严复为代表。他认为中国最大的祸患就是愚昧、贫穷和积弱，而以愚昧为最，因此只有进行教育，消除愚昧，才能挽救国家。以孙中山为代表的资产阶级革命派认为"改造中国之第一步只有革命"，坚决主张先革命后教育，而不是从普及教育着手来改良中国社会，力主以革命的手段推翻清朝统治，从而实现民主自由的教育和进行教育制度的根本性变革。由此可见革命派虽然重视教育在资产阶级民主革命过程中的作用，但是不以教育来削弱民主革命的重要性，在"革命"与"教育"的关系问题上，革命是第一性的和绝对的，教育是为革命服务的。

资产阶级革命派的 "革命教育" 活动

资产阶级革命派所提倡的"革命教育"主要是通过"社会教育"和学校教育来进行的。他们所指的"社会教育"是属于中国"下等社会"和"中等社会"人民的教育，其主要内容不外乎两个方面，即集会讲演和文字宣传。因此他们组织了各种革命团体，印发了刊物和书籍，利用各种公共机关进行革命活动；他们还努力在秘密会党、农民团体和军队组织中进行革命的宣传教育活动。

在组织革命团体方面，1894 年孙中山在檀香山成立兴中会。1904 年章太炎、蔡元培、陶成章等人在上海成立光复会。同年黄兴、陈天华、宋教仁等在长沙成立华兴会。1905 年孙中山等把兴中会、光复会、华兴会等团体合并起来，成立同盟会。同盟会成立后，各地很快成立了许多分会作为革命的领导机构，并组织各种公开的或秘密的会社作为同盟会分会的外围组织。

在文字宣传方面，一是革命派创办了许多报纸杂志，冯自由的《辛亥革命前海内外革命报一览》列举了报刊 67 种，杂志 49 种，影响较大的有：《民报》、《苏报》、《国民报》、《民呼报》、《民吁报》、《中国女报》、《新湖南》、《湖北学生界》、《浙江潮》、《游学译编》、《童子世界》、《女子世界》等。报纸杂志的出版和发行，对批判封建意识、传播民主思想起过重大作用，为辛亥革命做了重要的舆论准备和思想准备。二是革命派的许多宣传家也发表了大量的文章和著作，对康梁的保皇思想和清朝的腐朽统治进行了犀利的批判和深刻的揭露，如邹容的《革命军》以火一般的激情歌颂了革命，指出革命是"天演之公例"、"世界之公理"，是"顺乎天而应乎人"的时代潮流。陈天华的《猛回头》和《警世钟》一针见血地怒斥清政府是"洋人的朝廷"，揭露保皇派所鼓吹的"维新"、"立宪"都是自欺欺人的鬼话。

当时革命的重要力量之一是来自国内外学校的青年学生。革命派非常注意利用学校来进行革命活动，他们要求建立为资产阶级革命服务的新型学校，以新的时代精神武装年轻一代，以培养敢于"宣战君主"、

"内修战事，外御强邻的革命之健儿"、"建国之豪杰，流血之巨子"。资产阶级革命派创建革命学校是以中国教育会为肇端的。

1901年8月，清政府下令将书院改为学堂，各地陆续出现了一批官办和私办的学堂，教科书成为迫切需要解决的问题。当时，中国留日学生中翻译教科书之风大盛，上海的书商也竞相印行教科书，但适用者很少。1902年4月15日，蔡元培遂与上海教育界人士叶瀚、蒋观云、林少泉等人集议发起成立中国教育会，专门编订教科书，进行函授教学，刊行书报等。4月27日，中国教育会在上海正式成立，蔡元培被推为会长。该会章程规定以教育中国男女青年，开发其知识而增进其国家观念，以为他日恢复国权之基础为目的，这是一种革命的教育思想。中国教育会计划"自设学堂，培植人才"。恰好在这一年，南洋公学因限制学生言论自由，不许学生议论时政而发生学潮，全校6个班级200多名学生愤然罢学离校。部分罢学学生请求中国教育会赞助办学，中国教育会决定募款设校，成立爱国学社，招收被迫退学的学生55人，以后各地学生闻风而来，尤其是南京陆师学堂、浙江大学堂、杭州陆师学堂等退学风潮之后，学生都来上海加入爱国学社，学生增加到150余人。该校以"重精神教育以自由独立为主"作为办学宗旨，因此"校内师生高谈革命，放言无忌，出版物有《学生世界》，持论尤为激烈"。爱国学社上课不多，而活动不少，师生"总是谈时事，讲革命"，每月都要去张园演说一次，讲演内容都是爱国主义、革命道理等。蔡元培为学校总理，教师多是当时著名的爱国人士，学校实行民主管理，是我国近代最早实行学生自治制和师生平等的学校，因此爱国学社的声望颇高，成为传播革命思想的重要场所，不少地方仿照爱国学社办起各种学校，如上海的丽泽学校、苏州的吴中公学社、杭州的两浙公学社等。爱国学社的成立开了近代罢学风潮另行设校的先河，是反抗清末封建教育的一次重大胜利，它是一所争取自由民主、倡言革命的资产阶级革命学校，在中国近代教育史上写下了光辉的一页。

爱国女校是中国教育会于1902年创立的又一所革命学校，专门招收女子入学，规定"以教育女子，增进其普通知识，激发其权利义务之观念为宗旨"。1904年的补订章程又规定"以增进女子之智、德、体力，使有以副其爱国心为宗旨"。这是中国第一个近代型的女子教育宗旨，而且是实行了的女学宗旨。蔡元培后来回忆说，爱国女校创办时"在满清季年，含有革命性质"。它对学生进行民主革命思想的教育，一些年纪较大而根底较深的学生还加入同盟会或其他秘密团体从事革命活动。爱国女校为辛亥革命培养了一批妇女骨干力量，在辛亥革命时期，爱国女校的很多学生参加了革命军攻克南京的战斗，她们对当时的革命运动贡献很大。

1905年光复会成员徐锡麟、陶成章在浙江绍兴创办大通师范学堂，设体育专修科。大通师范学堂名义上是为了培养小学体育教师，实际上是招收各地会党首领入学堂练习兵操，培养革命军事干部，并利用它进行反清革命活动。所以除去一般课程外，大通师范学堂特别重视军事体育教育和"反满"思想教育，还利用取得官府公文护照的合法条件，买来枪支子弹，聘请革命党人担任教官，对学生进行比较严格的军事训练，有时则是真枪实弹的军事演习。在当时，大通师范学堂成为江浙一带的革命中心，全校学生大部分参加了光复会。1907年徐锡麟去安庆巡警学堂担任会办和进行革命活动，邀请鉴湖女侠秋瑾到大通师范学堂主持校务。同年7月，秋瑾积极准备响应徐锡麟筹划的武装起义，因被清政府侦知，造成了"血战大通学堂"事件，该校许多革命青年壮烈牺牲，秋瑾也在大通师范学堂被捕，学校遂被清政府封闭。绍兴大通师范学堂在中国近代革命史上作出了重要贡献。

资产阶级革命派在安徽各重要城市也创办了不少革命学校，其中声名最著、影响最大的是李光炯主办的芜湖安徽公学，时人视为安徽革命的温床。芜湖安徽公学的前身是安徽旅湘公学，革命党人黄兴、赵声等都曾在公学教过书。1904年，公学迁来芜湖，当时的教员多是革命党人，因而曾吸引了不少革命青年来校学习。安徽公学是以培养革命骨干、散播革命种子为教育宗旨的，在学校内部，除由教师经常讲说革命道理外，还指导学生传阅革命书籍刊物。学生和教师加入同盟会的达80多人，他们中间还有一些人经常利用寒暑假期，分往皖北各地进行革命活动。同盟会成立后，安徽公学即与同盟会本部和上海、南京、安庆等地的革命组织接上了关系，革命党人经由芜湖往来大江南北的络绎不绝，安徽公学成了当时长江中下游革命运动的中心。

此外资产阶级革命党人创办的其他新型革命学校还有湖南明德学堂、福建侯官两等小学堂、安徽崇实学堂、贵州光懿小学等。

资产阶级革命派的革命宣传教育，陶冶了整整一代的资产阶级革命者，使广大的人民群众很快地摆脱了改良主义的政治影响而坚决地站到资产阶级民主革命的立场上来，革命力量迅速壮大起来。在全国各地人民群众反帝反封建斗争蓬勃发展的形势下，湖北地区的革命党人经过艰苦细致的革命宣传和组织工作，很快发动了武昌起义，并与各地革命斗争汇合成滚滚洪流，终于推翻了清王朝的腐朽统治，迎来了革命的胜利，于 1912 年元旦成立了以孙中山为临时大总统的南京临时政府，建立了中华民国，从此结束了清朝政府 200 多年的统治，结束了在中国延续 2000 多年的封建君主专制制度。

 南京临时政府的教育改革措施

中华民国南京临时政府继承和发扬民主革命运动时期重视教育的传统，并在认真总结革命时期创办学校教育经验的基础上，制定了各项改革教育的法令和措施，决定了振兴教育的基本纲领。1912 年 1 月 3 日，孙中山任命了蔡元培担任第一任教育总长，9 日正式成立了教育部，分设学校教育、社会教育、历象三司。社会教育司的设立是中国教育史上民众教育列入官制的开始。教育部成立后，立即着手对清末封建专制主义教育进行改革，逐步将民国初年紊乱的学校教育引上正轨。

1912年1月19日，教育部颁发了《普通教育暂行办法》和《普通教育暂行课程之标准》两个法令。《普通教育暂行办法》共14条，主要规定：从前各项学堂，均改称学校，监督、堂长应一律改称校长；初等小学可以男女同校；凡各种教科书，务合于共和民国宗旨，清朝学部颁行之教科书一律禁止使用；小学读经课一律废止；高小以上学校体操科，应注重兵式体操；中等学校为普通教育，文实不必分科；清末学堂的奖励出身一律废止，等等。这些规定反映了资产阶级民主革命的教育要求，并以法令的形式巩固了资产阶级民主革命的教育成果，它不仅维持了民国初年的普通教育，而且促进了民国初年普通教育的发展。《普通教育暂行课程之标准》共11条，规定了小学、中学、师范学校开设的课程，并制定了统一的课程表，从课程表总的看来，加强了自然科学的课程，增加了农工商业、法制经济等新课程，取消读经课，改设国文课。民国初年各级学校的课程设置就是按照这个法令实施的，它奠定了民国初年小学、中学、师范学校课程设置的基础。

南京临时政府对高等教育也十分关注，3月2日教育部又电告各省，在高等以上学校规程尚未颁布前，各地高等以上学校"应暂照旧章办理",唯《大清会典》、《大清律例》、《皇朝掌故》、《国朝事实》及其他有碍民国精神及各种非学校应授之科目,宜一律废止。3月5日教育部又通告各省速令高等学校、专门学校开学,接着3月14日孙中山又以临时大总统的名义令教育部通知各省优级师范一并开学。3月21日,孙中山还批准将源丰润钱号的抵押款项拨充为中国公学的经费,解决了中国公学的经费问题。

除教育部重视教育的振兴外,其他各部也计划办理培养干部的学校,如陆军部拟办陆军军官学校,还曾经拨款资助南京光复军女子队改组为复兴女子学校,内务部办有警务学校等。

由于南京临时政府在教育上采取了一系列措施,新式学校教育迅速恢复并有所发展。民国元年即1912年全国学校总数达87272所,学生总数达2933387人,其中包括初级学校86318所,中级学校832所,高级学校122所。

南京临时政府存在的时间很短,还来不及制订新的教育方针。教育总长蔡元培于1912年2月10日在《教育杂志》发表《新教育意见》一文,奠定了民国初年教育方针的基础。4月间他向参议院发表了有关教育方针的政见演说,并以《对于教育方针之意见》为题,在《东方杂志》上发表。这篇文章批判了清末颁布的钦定教育宗旨,明确指出:忠君与共和政体不合,尊孔与信仰自由相违,首次提出了军国民教育、实利主义教育、公民道德教育、世界观教育、美感教育

"五育"并举的教育方针。这一方针完全否定了清末"忠君"、"尊孔"、"尚公"、"尚武"、"尚实"的封建专制主义教育宗旨，充分体现了资产阶级教育关于人的德、智、体、美和谐发展的思想，是近代中国第一个实行了的资产阶级国民教育宗旨，它对民国初年普通教育的发展起了积极作用，而且对制定现代学校教育方针也具有重要的借鉴意义。

孙中山的教育思想

孙中山（1866～1925），广东香山县（今中山市）人。孙中山作为我国民主革命的伟大先行者，他的教育思想是他的资产阶级民主革命思想体系的一个组成部分，是他从中国民主革命的需要出发，在革命实践中向西方学习而逐渐形成的。

孙中山对教育非常重视，他认为人的知识是后天学习得来的，所以教育对人的知识的形成具有重大的决定性作用。不仅如此，他还认为教育对革命具有非常重要的意义，提出"革命成功全赖宣传主义"的主张。他说："教育便是宣传"，用三民主义的政治理论教育士民，使他们明白革命的道理。他指出：革命需要教育，革命成功后进行民主建设事业更需要教育，特别是实业教育。他感到教育年轻一代继承革命未竟之功乃是当时紧迫的任务。

孙中山不只简单地重视教育，他还强调教育必须为革命的事业服务、革命在先教育在后、先政治经济后文化教育等主张。他的先革命后教育的思想，从他参加革命活动的初期起就一直坚持着，到后来他更加清醒地认识到只有用革命的手段推翻黑暗的政治势力，文化教育才有发展的可能。他指出政治没有改革，教育的改革是无法实现的。他说：如果政治没有改革，"我们致力于教育事业，一般官吏，非特不能提倡，且将设法摧残"。

为了鼓舞和教育人民不屈不挠斗争的革命信念，孙中山提出了"知难行易"的学说，即所谓"行之非艰，知之惟艰"的观点。孙中山所指的"知"主要是指"真知特识"，也就是真正的科学知识和理论，他所说的"行"是指人人都可做到的实践，包括的内容相当广泛，如造船、建屋、开河等生产实践活动和日常生活活动，科学家的实验、探险家的探索等科学实验活动，以及他领导的资产阶级民主革命实践，等等。他从"知难行易"的命题出发提出了"先行后知"、"知以进行"等卓越主张，这是与他反对"天赋观念"的思想密切联系着的。他认为知识的来源是人们的学习或实践活动，因此，他一方面重视教育在人的认识过程中的重大作用，另一方面又强调人们从实践中获取知识。他还辩证地认识到如果人们真正掌握了知识，那么它对人们的实践就会产生一定的指导和促进作用，有助于实践活动的进一步发展，这就是所谓"更进于行"的观念。"知后于行"而"更进于行"是孙中山知行学说的基本主张。

孙中山认为每个人都是中华民国的主人翁，都应该通过教育学会管理国家的本领，所以普及教育乃是民主共和国家的重要任务。要普及教育必须解决贫苦儿童无力上学的问题，不但对他们免收学费，还要为他们解决衣、食、住、书籍等问题；要普及教育还必须首先注意提倡女子教育，1912 年他在广东女子师范第二校所发表的《女子教育之重要》讲演中把女子教育作为当前最重要的事情；为了普及教育，他还注意蒙藏同胞的教育问题，把教育普及到蒙藏同胞中间，是使他们成为"共和国之主人翁"的必要措施，从而实现真正的民族平等。孙中山认为普及教育只能在革命成功之后才有可能，他认识到在反动政权统治下是不可能实行普及教育的，这既揭示了反动政权愚民政策的实质，又是与他的先革命后教育的主张相一致的。他还认为普及教育要建立在经济发展的基础上，只有经济发展了，普及教育才有可能。

孙中山对人们的学习目的、态度和方法也是十分重视的，他对封建时代知识分子读书做官、谋求私利的恶习十分不满，要求人们读书首先要立志，认为"立志是读书人最要紧的一件事"，读书人应该用其所学"为平民谋幸福，为国家图富强"。他号召人们要学习外国的长处，学习他们先进的科学技术，建设自己的国家，他认为只有这样才能迎头赶上西方资本主义国家。他反对那种拘泥于中国古代文明，甚至认为中国的"精神文明"远比西方资本主义高超而不肯向外国学习、不愿改革的顽固保守思想，同时也反对亦步亦趋、邯郸学步地学习西方的爬行主义。他认为做学问必须善于独立钻研，举一反三，融会贯通，才能有所成就。他非常反对当时学生求学的一种普遍毛病即"死读死记"，他重视对客观实际的考察，认为应当从"考察"、"事实"、"实验"和实践的经验总结中来求得学识的进步，而不能靠熟读或搬用书本知识来求得进步。在这里，孙中山态度鲜明地反对中国封建主义教育那种专靠死读书本，钻研故纸堆，脱离客观实际寻求知识的读书方法和治学方法。

孙中山的教育思想反映了时代前进的要求，代表了进步力量的呼声。他的主张既批判地继承了中国传统教育中有益于民国的内容，又有分析地吸取了西方国家先进的教育经验，同时还对民主革命过程中的教育实践进行了理论性的总结概括，从而形成了独特的教育思想体系，因此，孙中山的教育思想在中国教育史上具有重要的时代意义。

 蔡元培的教育思想

蔡元培（1868～1940），字鹤卿，号孑民，浙江绍兴山阴县人。他作为中华民国南京临时政府的教育总长，对中国近代资本主义教育体制的建立有着重要的贡献，他的学术思想和教育思想对我国教育界起过深远的影响。

蔡元培除了提出"五育"并举的资产阶级教育方针之外，还有一套资产阶级自由主义的教育理论和方法。他主张思想自由、学术自由、兼容并包。在他担任北京大学校长期间，无论是宣传共产主义，还是宣传无政府主义，抑或是宣传国粹主义的各派人物都可以到北大自由讲学，如宣传新文化新思想的鲁迅、李大钊、陈独秀等组成的新派和以主张宣扬国故、反对革新的封建复古主义者刘师培、辜鸿铭等组成的旧派都被聘为北大教员。在办学过程中，他提倡教育脱离政治，为学术而学术。他是中国近代最早从理论上提出教育"独立"超然于政治和宗教以外的一位教育家。他认为学生在学校里应以求学为最大目的，不应有任何政治组织，也不应参加任何政治运动，不必过问政治，他也反对帝国主义在华的教会学校诱惑青少年学生信仰基督教，提出教会学校不得开设宣传教义的课程，认为"以传教为业的人，不必参与教育事业"。

蔡元培非常重视人的自然个性得到自由的发展。他认为新教育与旧教育分歧的焦点就是在于教育是否能够让人的个性得到自由发展，他指出封建主义的旧教育束缚人的个性自由发展，违背儿童的个性特征，他把旧教育对儿童的束缚和摧残比喻为"花匠编松柏为鹤鹿"，杂技演员"教狗马以舞蹈"，实在"令人不寒而栗"。他特别重视学生自动、自学、自助和自己研究，提倡"即工即学"、"边工边学"的方法，要求教师多注意儿童的实际活动能力，让儿童从实际的活动中获得知识学问，而教师不应越俎代庖硬把自己的思想灌输给儿童，应该引起他们的学习兴趣，在他们感到困难时再去帮助他们解决；同时由于学生的兴趣和能力有所不同，教师还应该注意因材施教。

蔡元培特别注重女子教育和幼儿教育。他不满于封建礼教对女子身心的束缚和对女子受教育权的剥夺，主张男女教育平等，反对"贤妻良母主义"。为此他要求各级教育都应该为男女敞开大门，主张不论男女贫富，都有权利进入中等学校与高等学校。他还要求男女同校，认为学校是改良男女关系的最好场所。但是，他设想在不变动当时社会制度的前提下依靠剥削阶级的恩赐而达到男女的教育平等，其结果必然是望梅止渴，徒具空言。蔡元培关于幼儿教育的中心思想是否定家庭教育，主张幼儿的社会教育。他认为家庭在教育儿童上有很大的缺点，父母缺少教育的时间和修养，家庭环境对儿童教育也具有不良影响，他所主张的幼儿社会教育主要是想通过公立的胎教院和育婴院来实现的。

在学校管理方面，他提倡"教授治校"、"学生自治"等制度，他在北大还首先推行学分制，使学生能够自由选择系科和课程，并废止了束缚个人自由发展的年级制度。

如果说康有为、梁启超等人是 19 世纪末中国近代资本主义教育的倡导者，那么，蔡元培就是 20 世纪初中国资本主义教育体系的缔造者，在他的教育思想中有许多积极和合理的因素，对我们今天的教育体制改革仍有很大的启迪和借鉴意义。

五 北洋政府时期的教育改革

南京临时政府仅仅存在了 3 个月，辛亥革命的胜利果实就被北洋军阀头子袁世凯所篡夺。1912 年 4 月，临时政府迁往北京，中国历史从此进入北洋军阀统治时期。这一时期中国教育的最大特点是中外各种教育思潮不断涌现，政府的和民间教育团体的各种教育改革运动延绵不绝，互相交错，互相渗透，表明中国对西方资本主义国家的教育制度仍处在进一步的探索阶段。

北洋政府初期的教育改革与壬子学制

1912 年 3 月 30 日，袁世凯任命蔡元培继续担任教育部总长。蔡元培乘革命还处于高潮的大好时机，在教育界进步力量的支持下，坚持对旧教育进行大胆的改革。7 月 10 日，教育部召集了中华民国成立后的第一次中央教育会议即临时教育会议，研究制订教育宗旨及学制系统等问题。9 月 2 日，教育部根据临时教育会议的决定，重新公布了民国教育宗旨，这个新教育宗旨是："注重道德教育，以实利教育、军国民教育辅之，更以美感教育完成其道德。"这里所说的"道德教育"，就是向青少年一代灌输自由、平等、博爱等资产阶级的政治、道德思想；所说的"实利教育"，实际上就是发展资本主义生产的知识和技能的教育；所谓"军国民教育"，就是军事体育，其目的是训练青少年和全国人民，使人人都具有强健的体魄，做到"举国皆兵"，对外能够抵御帝国主义的侵略，对内能够防止封建军阀的飞扬跋扈，保护资产阶级政权；至于"美感教育"则是用所谓"超阶级"、"超政治"的资产阶级艺术感化人们，以此来调和阶级矛盾，缓和阶级斗争。这个教育宗旨是在蔡元培任南京临时政府教育总长时所主张的"五育"并举的基础上提出来的，删除了其中的世界观教育，与清末的五项教育宗旨相较，否定了"忠君"和"尊孔"，而新增了资产阶级的道德教育和美感教育。这个教育宗旨体现了资产阶级教育关于人的德、智、体、美和谐发展的思想，体现了资产阶级对新一代人的要求，它否定了君权的绝对权威和儒家思想的独尊地位，是资产阶级对封建主义的一个重大胜利。

9月3日，教育部公布《学校系统令》，1912年为壬子年，故称壬子学制。1913年为癸丑年，这一年又陆续颁发了各种学校令，对新学制有所补充和修订，于是综合成一个更加完整的学校系统，称为壬子癸丑学制。这个学制分3段4级，儿童从6岁入学到23岁或 24 岁大学毕业，整个学制为 17 年或 18 年。初等教育分两级，初等小学 4 年为义务教育，毕业后可升入高等小学校或乙种实业学校，高等小学 3 年，毕业后可接受中等教育；中等教育设中学校或师范学校、甲种实业学校，学习 4 年，毕业后可接受高等教育；高等教育设大学、专门学校或高等师范学校，大学本科 3 年或 4 年，预科 3 年，专门学校本科 3 年（医科 4 年），预科 1 年。此外，下有蒙养院，上有大学院，不计年限。新学制对各级各类学校的目的任务、课程设置、学校设备、入学条件、教职员任用、经费和领导管理等都作了具体规定，有了初步的教育方法。

这个学制仍然是仿效日本学制，在形式上大体与癸卯学制相近，但在本质上两者却完全不同，癸卯学制是半封建半殖民地性质的，是为维护清政府摇摇欲坠的反动统治服务的，而壬子癸丑学制是资产阶级性质的，是为在中国发展资本主义服务的，它的颁布和实行标志着中国采用西方资本主义国家教育制度的形式已正式确立。这是因为：第一，壬子癸丑学制具有反封建的资产阶级民主精神，它取消了癸卯学制中为满洲贵族子弟设立的贵胄学堂，取消了教育中的封建等级制度，体现了在法律面前人人平等接受教育的资产阶级原则；它废止了癸卯学制中按学校、等级奖给毕业生科举出身资格的办法，驱散了学校系统中封建科举制度的阴魂；它在课程设置上的最大特点就是用资产阶级的社会政治学说来代替"忠君"和"尊孔读经"的封建课程，增加自然科学课程，加强生产技能教育，反映了资产阶级对发展资本主义生产所需要的自然科学基础知识的重视。第二，女子教育在壬子癸丑学制中取得了一定的地位。除大学预科、本科不设女校，不招女生外，普通中学、中等实业学校、师范学校和高等师范学校都规定设立女校，初等小学还实行男女同校，扩展了女子受教育的机会，在实践上反对男尊女卑、"女子无才便是德"的封建教条，体现了资产阶级的男女平等的思想，资产阶级争取的"男女教育平等"开始付诸实践。第三，缩短学制年限，壬子癸丑学制规定初等小学阶段为义务教育，较癸卯学制缩短 3 年，初小、高小、中学各缩短 1 年。初等教育和中等教育学习年限的缩短虽然是为了迅速培训资本主义生产所需要的劳动力，但是在一定程度上也反映了劳动人民争取教育权的要求。

但是，由于中国当时的政治和经济还相当落后，封建主义的势力还有很大的影响，因此壬子癸丑学制也存在着许多不彻底的地方：课程设置还保留着很多封建主义的因素，其中修身课与伦理课的内容尤为突出，虽较清末重视女子教育，但强调的仍是贞淑教育，在学习内容和程度上也低于男子的教育程度，这些都是时代的局限性造成的。

 袁世凯的封建复古教育

壬子癸丑学制的颁布和实行是对封建主义教育和封建势力的沉重打击，必然引起封建顽固势力的抵抗，他们当然不能容许带有资本主义民主国家单轨制性质的学制顺利推行。随着袁世凯对辛亥革命胜利果实的全面篡夺，他的身份由临时大总统到正式大总统进而成为终身总统，最后甚至企图复辟封建帝制，想当中华帝国的皇帝。为此，他企图把教育当做他复辟封建制度的工具，掀起了尊孔读经的复古主义的教育逆流。

1913 年 6 月 22 日，袁世凯发布"尊孔祀孔令"，同月又发布"注重德育整饬学风令"，对学生的思想行为严加限制，不允许学生倡导自由、平等、民主等进步主张。10 月 31 日，由袁世凯炮制的《天坛宪法草案》经起草委员会通过，其第 19 条规定："国民教育以孔子之道为修身大本。"11 月 26 日，袁世凯再下尊孔令。1914 年 2 月 7 日他又通令各省崇祀孔子。4 月 2 日颁发"维持学校令"，对学生参加民主革命运动大加指责，接着教育总长汤化龙在 5 月《上大总统言教育书》中也诽谤辛亥革命后教育上出现了道德败坏现象，提出对学生进行经学教育的办法，袁世凯对此大加赞赏，指示教育部按汤化龙的主张立即修订修身、国文教材，以便向中小学生灌输孔孟思想。6 月，教育部发出通令，要求各地中小学修身和国文教科书采取经学内容，从而把壬子癸丑学制中已经取消的尊孔读经内容又重新列入教学科目。1915 年袁世凯以大总统的名义相继颁布了《教育要旨》和《教育纲要》，作为复辟封建主义教育的政策纲领，全部推翻了辛亥革命后民主革命派进行的教育改革。

在《教育要旨》中，袁世凯宣称其"兴学"要旨是"使中华民族为大仁、大智、大勇之国民，则必于忠孝节义植其基，于智识技能求其阙"。一眼可以看出，这和清末癸卯学制的教育宗旨是一脉相承的。为了实现他的"兴学"要旨，袁世凯还进一步提出了"爱国、尚武、崇实、法孔孟、重自治、戒贪争、戒躁进"七条具体标准，其中最主要的是"爱国"和"法孔孟"两条，所谓"帝国"就是要人们维护他的大地主、大买办阶级的独裁政权，效忠于袁家王朝；"法孔孟"是封建主义教育的一贯指导思想，就是要求人们在思想行动上做到"存心以仁、处事以义"，懂得孔孟之道是"治国为人之真谛"；所谓的"尚武"、"崇实"实质上是训练为其镇压人民的走卒和培养为半殖民地加工业服务的技术人员和雇佣奴隶，而他所说的"重自治"、"戒贪争"、"戒躁进"概括起来就是要求人们服服帖帖地屈从于他的专制独裁统治不能起来反抗和斗争。《教育纲要》则是为了复辟封建主义教育而采取的种种措施，规定了崇古、尊孔、尚孟和研习性理、陆王之学的具体办法，并将儒家经学重新列为教学科目，从小学到大学都必须读经，还规定了设立经学院，在各省设立经学会以讲求经学。这些规定实质上是清朝末年癸卯学制的复活，而且是对壬子癸丑学制的否定，充分暴露了袁世凯复辟封建主义教育的本来面目。尽管在《教育纲要》中也有些学习资本主义国家先进教育经验的规定，如推行义务教育，实行学位奖励，等等，但这纯属装潢门面，掩人耳目。《教育纲要》就是袁世凯的北京政府复辟封建主义教育的总纲领及其实施方针，因此袁世凯颁布《教育要旨》和《教育纲要》就从教育方针和政策上完成了复辟封建主义教育的法定手续，标志着袁世凯北洋军阀政府的教育已经成了维护封建买办专制统治的工具。

3 反对封建复古教育的斗争

封建复古主义教育思想的回潮，一开始就受到以孙中山为首的革命派的反击。紧接着，1915 年在文化教育领域里兴起了一场反封建的文化革命，这就是新文化运动。这场运动以激进的民主主义者李大钊、陈独秀、鲁迅等为核心，以 1915 年 9 月创刊的《新青年》为主要阵地，以民主与科学为武器同当时猖獗的复古尊孔思潮进行了坚决的斗争，这些斗争在教育领域里主要表现为对封建教育的形式和内容的批判以及大力倡导资产阶级的新教育。

儒家思想是封建教育的思想支柱和主要内容，也正是批判的矛头所向，他们首先揭露了孔孟之道的罪恶，鲁迅先后发表了《狂人日记》、《药》等小说，以鲜明的艺术形象，深刻揭露了封建社会中的家族制度和儒家礼教的"吃人"本质，鞭辟入里地剖析和批判了由于几千年来封建统治者借助封建礼教、施行愚民政策造成的国民落后愚昧的奴性。他们指出孔子的学说是封建专制时代的产物，是与"今世之社会国家"根本不相容的，李大钊认为孔子的学说支配了中国思想界两千多年，是因为这种学说是大家族制度上的表层构造，适应了中国两千多年来未曾变动的农业经济组织，到近代，当中国的小农经济动摇以后，孔子的学说也就动摇了。因此袁世凯等独夫民贼"饰迹于祭天尊孔之典，匿身于微言大义之辞"，企图以"历史之陈死人，制服社会之活心理"，在近代民族资本主义已有所发展、民主共和思想已深入人心的历史条件下，是注定要失败的。

同时，民主战士们也对封建教育制度和方法等进行了猛烈的抨击，并积极倡导建立以民主和科学为中心的新教育。陈独秀认为中国要真正学到西方的教育制度，关键在于要弃神而重人，弃神圣的经典幻想而重自然科学的知识和日常生活的技能，以日常生活的知识技能为教育内容，使学生得到些"吃饭穿衣走路的知识本领"，而不是"记忆先贤先圣的遗文"，也不是"专门天天想做大学者、大书箱、大圣贤、大仙、大佛"。蔡元培也通过演讲和著文，对封建教育的方法等进行了抨击，他认为中国虽然设立了学校，采用了与西方相同的教学组织形式，但还是守着被动灌输的老方法，教师盲教，学生盲从，教育中重视那些神圣无用的幻想，不讲全身的教育，使学生体弱多病，所以，中国教育与真正的近代西方教育存在着很大差距，必须彻底改革。

民主战士们从教育的目的、内容和方法等方面对封建教育进行了批判，力图以包含人权、自由、平等的资产阶级政治学说和重视科学、崇尚自然、注重启发、发展个性的新教育来取代尊孔读经、脱离实际、窒息思想、消磨意志、残害身体的封建旧教育，这一切为这一时期的教育改革做了思想、理论上的准备。

4 教育改革的继续和壬戌学制

经过反对袁世凯复辟封建帝制的斗争和五四运动的洗礼，中国人民有了进一步的觉醒，在以孙中山、蔡元培、陈独秀等为代表的先进人物的推动下，中国民主革命在曲折的道路上不断前进，中国进步的知识分子和教育界的先进人士又高扬起教育改革的旗帜。这种形势促使北洋军阀政府教育部采取了一系列改革教育的措施，致使后期的教育较之初期有了较大的进步，其主要措施有：

采取了撤销袁世凯封建复古教育的种种措施，拟定了新的教育宗旨。1916 年 9 月，北京政府撤销了袁世凯颁布的《教育纲要》和封建复古教育的教育宗旨。10 月，教育部颁发《高等小学校令施行细则》，删去了"读经"等有关封建复古教育的内容。1917 年 5 月军阀政府迫于舆论压力，否决了将孔教定为国教的提案，并撤销了 1913 年《天坛宪法草案》中规定的"国民教育以孔子之道为修身大本"的条文。1919 年 4 月，教育部"教育调查会"拟定了"养成健全人格，发展共和精神"的新宗旨，并规定所谓健全人格者当具下列条件：（1）私德为立身之本，公德为服役社会国家之本。（2）人生所必需之知识技能。（3）强健活泼之体格。（4）优美和乐之感情。所谓共和精神，一必须发挥平民主义，使人人知民治为立国根本，二必须养成公民自治习惯，使人人能负国家社会之责任。显然，这个宗旨比1912年公布的宗旨更能够表达资产阶级的要求。

对各级各类教育进行改革。初等教育比较注重教学方法的研究，启发式教学法逐步成为小学教学发展中的一股主流，以后自学辅导法和分组教学法等教学方法也开始在个别学校试行；中等教育开始注意科学和实用，中学开始实行分科制或选科制，课程中增加了职业教育科目，在自然科学课程中注重学生独立实验的能力，多数中学设立了实验室和科学馆；高等教育内部的结构发生变化，一些单科专门学院纷纷改名为某科大学，规定各校校长不得兼任他职，各校主要科目教员一律专任，各中等以上学校应组织学生于假期内进行社会调查，高等教育的学校管理和教学质量都开始得到重视，职业教育也得到进一步的重视，教育部要求各地因地制宜和适应形势的需要创办各种实业学校。师范教育不断得到改革和完善，形成了完备的师范教育制度，规定各级各类学校要尽量使用师范生，而师范生也不得从事教育以外的职业，各级政府部门不得录用师范生，加强了各师范学校之间的联系和交流。各校的招生工作必须协调进行，女子高等师范教育也有了一系列具体的规定，师范学校的课程注重教育学科和体育，废止了读经课，将国文改为国语，修身改为"公民"。

开始采用注音字母和国语教学。新文化运动中出现的白话文形式的优秀文学作品，为普通教育提供了许多国语教材和读物。在文学革命的推动下，1917 年 6 月教育部通令高等师范学校附设国语讲习科，专教注音字母和国语，以养成国语教员为宗旨，便于在学校中使用国语和注音教学。10 月全国教育联合会议决《推行注音字以期语言统一案》，要求教育部速定国语标准。1918 年 11 月，教育部正式公布了注音字母。这时蔡元培等创办的孔德学校自编了国语读本，江苏省也开始使用国语教材，而商务印书馆、中华书局出版的教科书中也用一些白话文，从而使在教学中使用白话文教材成为发展的必然趋势，为最终在各级各类学校中完全淘汰文言文教材打下了基础。到 1920 年，教育部终于规定从 1922 年起停止使用一切文言文教科书。

进行学制改革。第一次世界大战后，中国民族工业的发展，对学校教育提出了新的要求。民族资产阶级为了办好企业，发展生产，创造更多利润，希望学校能培养出一定数量的受过一定职业教育和训练的劳动者以及经营生产、管理企业的各种专门人才。原来的壬子癸丑学制越来越暴露出许多缺点，已不能适应民族工业发展的新形势，于是学制改革不可避免。1919 年 10 月全国教育联合会在太原召开第五届年会，开始讨论学制改革问题，历时 3 年，经过三届年会，至 1921 年 10 月在广州召开的第七届年会才正式议决新学制系统草案。这个学制草案提出后，各省区有很多学校按新学制草案试行，教育部鉴于学制改革已刻不容缓，遂于 1922 年 9 月 10 日在北京召开学制改革会议，对全国教育联合会议决的新学制系统草案进行讨论和修改，最后学制改革会议通过了《学校系统改革案》，还派人送济南征求全国教育联合会的意见。1922年11月1日以大总统黎元洪的名义公布了《学校系统改革案》，命令全国施行，这就是通常所说的新学制。由于1922年为壬戌年，新学制又称"壬戌学制"，壬戌学制是从美国六三三制移植过来的。

整个学制分初等、中等和高等三个教育阶段，初等教育6年，初级小学4年，高级小学2年；中等教育也是6年，初级中学3年，高级中学3年，与中学平行的有师范学校和职业学校；大学4至6年，儿童从6岁入学到大学毕业，全学程共16至18年。

在制定新学制的同时，全国教育联合会曾组织"新学制课程标准起草委员会"负责制定中小学毕业标准和各学科课程要旨。1923年9月公布了中小学课程标准纲要，完成了这次学制改革。

壬戌学制虽是移植美国的六三三制，但它并非盲从美制，它是我国教育界针对我国实际，经过长期酝酿集思广益的结晶，也是五四运动以来教育改革的一个综合成果。它与壬子癸丑学制相比，形式上有所变化，抹去了双轨制的痕迹，表现了单轨制的民主性。它缩短了小学年限，改7年为6年，有利于初等教育的普及；它延长了中学年限，有利于提高中等教育的水平；中学三三分段，初中可以单独设立，有利于初级中学教育的普及，有利于中等教育完成既要为社会培养劳动后备力量又要为高一级学校输送合格新生的双重任务，从而改善了中学与大学的衔接关系；它取消了大学预科，使大学不再负担普通教育的任务，有利于大学集中精力进行专业教育和科学研究；它实行选科制、学分制和分科教育，兼顾学生升学和就业两种准备，可以使学生有较大发展余地，适应不同发展水平学生的需要；它以职业学校代替了以前的实业学校，加强了职业教育的地位，促进了职业教育的发展；它加强了师范教育，提高了师范教育的程度，在中等教育设师范学校、后期师范学校、高级中学师范科和师范讲习科；在高等教育设师范大学和师范专修科，保证了各级学校的师资来源。总之，壬戌学制比壬子癸丑学制更能满足资产阶级的要求，具有多方面的优越性，直至今天我们仍可看到壬戌学制的陈迹和影响。

5　资产阶级的教育改革运动

五四前后，除了北京政府教育部所属的有关教育改革的组织，如教育调查会等组织外，先后出现了很多民间性质的代表民族资产阶级和小资产阶级的以爱国、民主知识分子为主体的新教育社团。影响较大的有全国教育联合会、中华职业教育社、中华教育改进社和中国科学社等。在它们的推动下，出现了一个教育改革与新教育实验的热潮，形成了下述较有影响的教育改革运动。

平民教育运动。平民教育思潮兴起于五四时期，五四以后，一些资产阶级教育家继续从事改良主义的平民教育，并逐步构成了具有一定影响的平民教育运动。1923 年前后资产阶级的平民教育运动达到了高潮，这一运动的中心人物主要是晏阳初、陶行知和朱其慧等人。1923 年 6 月他们发起组织了"中华平民教育促进会"，向全国推行平民教育，他们办"平民学校"、"平民读书处"、"平民问字处"等机构，到工厂、农村、商店、军队甚至到监狱里去推行平民教育，还编写了《平民千字课》作教材。在短短的 9 个月时间里，平民教育运动推行到全国 20 个省区，各省市成立的平民教育促进会分会达 50 余处，读《平民千字课》的人达到 50 多万。1926 年前后，由于平民教育运动在城市收效不大，平民教育促进会逐步将普及教育的重点移向农村，从而成为 30 年代流行一时的乡村教育运动。

科学教育运动。科学教育运动是在五四思想解放潮流下逐步发展起来的，它可分为两个方面：一是提倡在学校中教授科学知识。自癸卯学制以来，虽经壬子癸丑学制的变革，在课程中设置了一些近代自然科学课程，但分量不够，而且仍然以传统的讲读方式进行，让学生死记硬背，忽视科学实验的教学，所以整个科学教育的水平很低。这种状况引起了国内教育界有识之士的关注，他们决心改变这种状况，1921 年，实际教育调查社、新教育共进社、新教育编辑社合并成立了中华教育改进社。从 1922 年起，在总干事陶行知的主持下，积极开展了对实际教育的调查分析，以期掌握教育的实际状况，改进中小学的科学教育。1923 年，改进社名誉董事孟禄介绍美国科学教育专家推士来华帮助中国发展自然科学教学。推士在中国两年，先后到过 10 个省 24 个城市的 200 余所学校进行调查，讲演 200 余次，组织了一些科学研究会，发表了一些针对中国教育实际状况的论文和专著，促进了中国科学教育的发展。一些科学研究组织如中国地质调查社、生物研究所以及各省的科学实验馆纷纷建立。二是提倡以科学的方法研究教育，具体内容包括儿童心理和教育心理的研究及教育统计和各种测量的编制和应用，这方面以南京高等师范学校和北京高等师范学校较为突出，成为南北两个中心。在北京高等师范学校、北京大学和南京高等师范学校开设了心理测验课，培养实施测验的专业人才。1922～1924 年是教育心理测量的高潮期。1922 年秋中华教育改进社邀请美国哥伦比亚大学教育心理学教授麦柯尔来华帮助进行教育心理测量表的编制，并相应成立了编制测量委员会。该委员会与东南大学和北京各大学合作，在一年之中就编制了智力测量和教育测量约 30 种，在全国各地进行试验。1924 年出版的比纳西蒙量表列出的各种测验达到 65 个。科学教育运动为当时正在开展的教学法改革提供了帮助。

国家主义教育运动。国家主义教育运动是以所谓国家为中心，反对革命，鼓吹教育救国，宗派色彩特别浓厚的教育运动，它具有很强的政治和党派色彩，以教育运动为先导和基础，最后形成了一个政治运动——国家主义运动及相应的党派——中国青年党。这一教育运动兴起于 20 年代初，其倡导者多半是从欧美回来的留学生，以曾琦、左舜生和李璜等为代表，他们组织了国家教育协会，创办了刊物《醒狮》，还在一些刊物上大肆宣扬国家主义教育的理论。他们认为教育应是一种国家的主权和工具，而不是任何私人、党派、地方、教会和外国的主权和工具。因此，他们反对任何党派、私人、地方和教会的教育以及外国的殖民教育，从1924年起，国家主义教育运动进入高潮，国家主义教育派的一些人参加了收回教育权运动；经过他们的大力宣传，在一定程度上和一定范围内加强了学校的军国民教育和爱国教育，并促成了中华教育改进社年会以国家主义为教育宗旨。由于他们也反对国民党的党化教育，1926年国民党于北伐后便明令禁止国家主义，国家主义教育运动从此逐渐消沉下去。

6 资产阶级教育思潮

五四运动前后各种教育思潮激荡，争奇斗艳，有些造成了热火朝天的教育改革运动；有些则因没有市场而销声匿迹；有些则奇峰突起，成为教育界思想的主流，这一时期影响较大的资产阶级教育思潮主要有以下几种。

平民主义教育思潮。倡导平民教育是新文化运动中"拥护民主"的口号在教育领域里的具体体现。平民主义教育思潮反对封建的等级教育，反对千百年来封建地主阶级独霸教育权的局面。一些资产阶级和小资产阶级的知识分子在杜威民本主义思想的影响下，把平民教育当做救国救民和改良社会的主要手段，希望通过平民教育来实现平民政治。1919年北京高等师范学校的教职员工和学生组织的"平民教育社"就是这种思想的代表，他们鄙视"四体不勤，五谷不分"的知识分子，指出劳动人民的伟大和他们受教育的必要性，认为应当让一般有用的人民即平民接受教育。这一时期的胡适也积极宣扬平民主义教育，但他主张的平民主义教育是杜威的实用主义教育，他是要按杜威"教育即生活"、"学校即社会"的理论来改造旧教育。资产阶级和小资产阶级的平民主义教育思潮把实现人人平等，没有剥削和压迫的社会寄托在平民教育上，带有空想的性质，但它主张平民接受教育在一定程度上扩大了教育对象，对教育的普及起了促进作用。

工读主义思潮。工读主义思想萌发于第一次世界大战期间蔡元培、吴玉章、李石曾等人对旅法华工进行教育的实践，此后，在国际上受第一次世界大战后世界工人运动的影响，在国内受五四以后新思潮的激荡，终于形成了规模较大的工读主义思潮，并出现了工读互助的实践活动。工读的一般含义是提倡做工和求学相结合，做工和读书相结合。但由于提倡和参加工读的人思想不同，因而在工读旗号下各自对工读的社会意义、目的等的理解也不尽相同。在工读主义教育思潮中，有一种流派侧重于把"工读"或"工学"看做是实现民主自由、发展实业和救济现行中国社会的武器。北京高等师范学校于1919年2月组织的工学会中的大部分人即持此观点。另一种流派则主要是将工读视为对新组织、新生活、新社会的追求，这是受五四以后流行的无政府主义、空想社会主义思想影响而形成的。这种思想以少年中国学会会员王光祈发起组织的北京工读互助团等为代表。在工读主义思潮中还有以胡适和张东荪为代表的所谓纯粹的工读主义，胡适认为，所谓工读主义"不过是靠自己的工作去换点教育经费而已"，张东荪则主张将工读单纯看成是解决青年失学的方法，具体措施就是"省立学校与省立工厂合一化"或者"学校的工场化"，这样学校可以不收费，工厂又有了学徒。工读主义思潮的积极意义在于各种流派都重视教育与劳动的结合，力图把脑力劳动和体力劳动结合起来，对固有的"劳心者治人，劳力者治于人"的价值观予以极大的冲击，并进行了教育与生产劳动相结合的很有积极意义的尝试。但是，将工读作为改良社会的主要手段和一次"和平的经济革命"也是很不现实的。因此北京工读互助团很快就失败了，工学会也只坚持到1924年左右。

职业教育思潮。这是由清末的实利主义、实用主义教育思想发展演变而来的。由于民族资本主义的发展对技术人才的需要日益迫切，加之新文化运动开始后民主战士对封建教育脱离社会、脱离生产现象的抨击，所以从1915年开始，全国教育联合会多次决议推进实业教育和职业教育的议案，随后主张实用主义教育的人大部分转向提倡职业教育，逐步形成了职业教育思潮。1917年以黄炎培为首组织了中华职业教育社，从理论上做了进一步的探讨，在实践中大力推行职业教育，从而使职业教育思潮达到高峰。黄炎培认为职业教育的积极作用就在于它能够为个人就业谋生和服务社会，从而为世界和国家增进生产力作准备，这是对职业教育功能最精辟的概括。1918年中华职业教育社在上海设立了中华职业学校，开展职业教育的试验。倡导职业教育对于培养学生的生产技能和学用结合能力以及解决部分青年的失学和失业问题具有积极意义，也充分反映出中国资本主义生产发展对人才的需求。

实用主义教育思潮。杜威的实用主义教育思想是在民国初年经蔡元培的介绍而与中国教育界见面的，它的大量传播并形成一种思潮是在1919年杜威来华讲学之后。当时，杜威的信奉者和学生胡适、陶行知和蒋梦麟等以及一些教育界人士也极力宣扬和推崇他的观点。各书店介绍和翻译关于实用主义哲学和教育学的书籍不可胜数。"儿童中心"、"教育即生活"、"学校即社会"等实用主义教育的口号充斥各种刊物。实用主义教育思想一时成为全国范围内很有影响的教育思潮。杜威的实用主义教育思想之所以能在中国引起这样的反应，是因为他实用主义的教育万能论正符合中国资产阶级试图以教育为手段进行社会改造、避免社会革命的思想。同时，杜威教育理论很适合当时中国教育界反对空疏、呆板的封建教育的需要。杜威的实用主义教育学说是五四时期传播极广的一种教育思想，它是从五四到新中国成立前最重要的资产阶级教育思潮。

7 西方教育思想的传入

西方教育学说和教育方法从清末民初就开始传入中国，但系统地介绍西方教育理论和教学方法并付诸实行，则是在五四前后，这一时期曾相继邀请了美国教育家杜威、孟禄、推士、麦柯尔、柏克赫斯特、伯克屈到中国讲学，他们在讲学活动中，宣扬各自的教育理论和教育方法。除前文介绍的杜威实用主义教育思想外，还有以下几种教育学说和教育方法。

五段教学法：赫尔巴特派的"五段教学法"于1901年已传播到中国。所谓"五段教学法"是一种关于课堂教学阶段的理论，赫尔巴特分教学过程为明了、联想、系统和方法4个阶段，后来德国的齐勒尔和赖图据此扩充为预备、提示、联想、总括和应用5个教学步骤。赫尔巴特学派认为传授知识的课堂教学都应当按照这种方法进行。这个方法曾风靡一时，不久，教育界一些人士认为这种教学方法过于机械呆板，于是又传入许多欧美其他的教学方法，在众多的教学方法中，设计教学法影响最大。

设计教学法。这种教学法于1918年前后传入中国，1921年全国教育联合会曾决议推行小学设计教学法案。设计教学法是实用主义的一种教学方法，它主张由学生自发地决定学习的目的和内容。其一般程序为：决定目的→订立计划→实行批评，然后学生在自己设计、自己负责实行的单元活动中，获得有关的知识和解决实际问题的能力。而教师的任务则在于利用学习环境诱发学生的学习目的，帮助学生选择其学习内容所需要的教材等。这种教学法废除班级授课制，打破学科界限和各门学科的知识体系，比较重视学生个人的需要与个性发展，但它贬低了教师在教学过程中的主导作用，妨碍学生获得系统的知识，对学生的智力发展也带来不利影响。

道尔顿制。它是美国柏克赫斯特于 1920 年在马萨诸塞州道尔顿市道尔顿中学创行的一种教学制度。从 1922 年起开始传入中国，最先仿行的是吴淞中国公学中学部，主持最力的是舒新城。到 1925 年全国实行道尔顿制的学校达 57 所，同年柏克赫斯特到中国讲学则更扩大了它在我国的影响。道尔顿制的主要措施是：取消教师的课堂讲授，由教师把各科学习内容编制成按月完成的作业大纲，并把上课的教室改为各科作业室，由学生自由选择在各作业室自行学习，完成各科作业。但学生必须每月与教师订立学习公约，完成作业即更换公约，进入其他作业室继续自学，学习进度快的可以缩短毕业年限。这种制度的独特长处就是它有利于培养学生独立工作的能力，不足之处是它容易形成学生的放任自流，它反对课堂教学这一基本的教学形式，把自学与辅导绝对化，具有一定的片面性。

智力测验。它是法国心理学家比纳和西蒙于 1905 年创立的根据他们编制的量表来测量人的智力水平的一种方法。智力测验于五四前已开始介绍到中国，五四后得到广泛宣传并曾在中国教育界普遍推行，促进了中国的科学教育运动。智力测验要求受试者用文字或动作解答，然后根据公式求出受试者的智龄和智商，从而确定其智力的高低。智龄的求算方法是：用测验量表对一定数量的同龄儿童进行测验，根据平均数来确定，智龄超出实际年龄越高，智力发展水平越高。求智商的公式为：智力年龄除实足年龄乘 100 等于智力商数。智力商数在 120 以上算"聪明"，在 80 以下则为"愚蠢"。这种方法本身有其片面性和不科学、不完善之处，如以智商来判断人的智力就不科学，所以这种方法不可能也不应该长期采用。

除了上述对中国教育影响较大的西方教育理论和教学方法之外，还有其他的西方教育思想也曾传入中国，给这一时期的中国教育以极大的影响。西方教育思想的传入，加速了中国封建教育的崩溃和中国现代教育的形成，但当时中国教育界有不少人忽视了中国的政治经济状况和民族特色，生搬硬套西方的教育思想，不但没有起到促进教育改革的作用，相反在一定程度上还妨碍了中国教育的发展，前车之鉴是必须引以为戒的。

由于 1916 年以后北洋军阀政府教育部采取了一系列教育改革的措施，而各新教育社团又推波助澜地宣扬各种教育思潮，介绍各种西方教育思想，开展各项教育改革运动，因此中国教育在 1916～1925 年的 10 年间有了一定的发展。1916 年全国有小学 120103 所，教职员 296319 人，学生 3843455 人，经费 22840084 元，至 1925 年全国有小学 177751 所，教职员 264818 人，学生 6601802 人，经费 31449963 元；1916 年全国有中学 653 所，教员 4418 人，学生 75595 人，经费 4200412 元，1925 年全国有中学 687 所，教员 12825 人，学生 129978 人，经费 9540228 元；1916 年全国有师范学校 195 所，教职员 3256 人，学生 24959 人，经费 3077746 元，1925 年全国有师范学校 301 所，教职员 3951 人，学生 37992 人，经费 4368262 元；1916 年全国有甲种实业学校 84 所，教员 1100 人，学生 10524 人，经费 1296901 元，1925 年全国有职业学校 154 所，学生 18011 人，经费 1760493 元；1916 年全国有大学及独立学院（包括师范大学）10 所，教职员 420 人，学生 1446 人，经费 883069 元，1925 年全国有大学及独立学院 50 所，教员 4669 人，大学生 25278 人，经费 11473289 元；1916 年全国有专门学校 76 所，教员 1616 人，学生 15795 人，经费 2790086 元，1925 年全国有专门学校 58 所，教员 2909 人，学生 11043 人，经费 3235372 元。据中华教育改进社的调查，北京市在 1924～1925 年间大学由 12 所增至 29 所，成为当时世界大城市中大学设立最多的城市。但从总体来说，我国当时的文化教育还是非常落后的。

六　国民政府时期的教育

　　孙中山及其领导下的国民党在中国民主革命的历程中走过了一段段曲折坎坷的道路，至 1922 年第二次护法运动完全失败，孙中山和中国国民党遇到严重挫折。在共产国际、苏俄政府和中国共产党的帮助下，孙中山决定改组中国国民党，实行联俄、联共、扶助农工的三大政策，中国国民党和中国共产党进行第一次合作，从而出现了国民革命的大好形势。但孙中山不幸于 1925 年去世，而以蒋介石、汪精卫为首的国民党右派在北伐战争胜利在望的关键时刻公然叛变革命，独吞国民革命的胜利果实，于 1927 年在南京建立了大地主大资产阶级的联合政权。从此，中国民主革命进入低潮时期，中国历史也进入了国民党统治时期。国民党反动派推行法西斯主义教育，使教育事业受到严重摧残，进步学生和爱国知识分子遭到残酷迫害。到解放战争时期，教育领域广泛的爱国民主运动形成人民解放战争的第二条战线，使国民党封建法西斯主义教育在祖国大陆陷于全面崩溃。

国民党教育方针与政策的演变

　　在第一次国共合作时期，国民党根据孙中山的新三民主义改组为工人、农民、城市小资产阶级和民族资产阶级的联合体。因此，当时的广州国民政府提出以党治国，于是教育界便有了"党化教育"的口号，1926年8月国民政府教育行政委员兼广东教育厅长提出了关于党化教育的14条纲领。他不仅要求改善和发展各级学校教育，而且要求扩张民众教育、改造乡村建设、建设生产教育组织和补助贫困儿童就学。这些主张是与孙中山三大政策和新民主主义一致的，因此这一时期的"党化教育"是具有革命性的。1927年蒋介石、汪精卫先后发动反革命政变之后，国民党成为蒋汪反动派进行法西斯统治的工具。他们在屠杀共产党人和革命群众的同时，接过"党化教育"的口号，1927年5月蒋介石在南京召开的"五四运动纪念大会"上发出了实行"党化教育"的号召。7月1日，上海各报刊发表了《国民政府教育方针草案》。由于它是处于北伐战争高潮时期制订的，因此还有不少关于教育改革的进步内容，但同时也提出了国民党对教育的控制和对学生参加民主运动的限制，显露出国民党一党专制教育的端倪。7月底浙江教育厅长蒋梦麟召集全省中学校长会议，讨论《浙江实施党化教育大纲》，该大纲要求中学以训练党员的方法训练学生，以党的纪律为学生的规约，以三民主义之中心思想确定学生的人生观，使学生以国民党所要求的思想为思想，反对共产党及共产党的思想主张，这已是地地道道的国民党反动派的党化教育了。8月初南京国民政府教育行政委员会制订了《学校施行党化教育办法草案》，要求在国民党指导下，把教育变成革命化和民众化，把教育方针建筑在国民党的根本政策之上。尽管这个办法草案还举着孙中山三民主义的革命旗帜招摇撞骗，企图麻痹教育界的资产阶级知识分子和其他中间人士，但也显露出其国民党一党专政教育的反动实质。它提出要把学校的课程重新设置使之与国民党党义相符，要求尽快审查和编著符合国民党党义的教科书。为此国民政府公布了《组织教科书审查会章程》，成立了教科书审查会，此外又公布了《教科图书审查条例》、《大学院教科图书审查委员会组织条例》、《暂行教科图书审查办法》、《各级学校党义教师检定委员会组织条例》、《检定各级学校党义教师条例》等一系列的条例，充分表现出国民党党化教育的反动实质。当时进步人士不满于国民党反动派的党化教育，而国民党反动派也因"党化教育"的口号是国共合作时期提出的，觉得"党化"二字的含义非常空泛，又害怕为中国共产党等党派利用，于是就有人提出以三民主义的教育宗旨，代替党化教育。

1928 年 5 月，国民政府大学院召开第一次全国教育会议，决议废止党化教育名称，改称三民主义教育。1929 年 3 月，国民党召开第三次全国代表大会，会上讨论了教育方针政策，由国民党中央宣传部提出了《教育方针及实施原则案》，正式提出"三民主义教育宗旨"："中华民国之教育，根据三民主义，以充实人民生活，扶植社会生存，发展国民生计，延续民族生命为目的，务期民族独立、民权普遍、民生发展，以促进世界大同。"4月，国民政府将三民主义教育宗旨通令公布，完成了制定教育宗旨的法律手续。国民党三大在制定教育宗旨的同时，还制定了教育宗旨的实施方针8条，1931年11月国民党四大对此作了部分修改并随即公布。这个实施方针特别强调以三民主义统率学校的教学工作，对各级各类教育的基本实施方针做了具体规定。自此以后，三民主义的教育方针就成为国民党政府制定教育法令、颁布教育规程的主要依据。

国民党政府的三民主义教育方针选择一些漂亮词句，说得冠冕堂皇，实质却是非常反动的，他们所说的三民主义已非孙中山在《国民党第一次全国代表大会宣言》中所解释的具有革命精神的新三民主义，而是变了质的反人民的假的三民主义。他们宣扬民族主义，而实行的却是屈从帝国主义的投降主义，干着卖国求荣的勾当；宣传民权主义，而实行的却是封建法西斯主义，取消人民的自由民主权利，干着反共反人民的勾当；宣传民生主义，而实行的却是封建买办的垄断资本主义，残酷地剥削工人和农民，干着巧取豪夺、大发国难财的勾当。因此这一历史时期国民党的三民主义是联帝反共反人民的三民主义，以这种三民主义为精神根据的教育方针，一开始就具有反共反人民的性质。这种教育方针具有两个特点，一是加强反动的思想灌输和控制，所谓恢复民族固有道德，实质就是进行封建伦理道德的教育；二是竭力抹杀阶级斗争，反对革命，搞所谓以"民生主义"为中心的教育对人们进行政治欺骗。

1937 年日本帝国主义发动卢沟桥事变，开始对中国进行大举进攻，中国人民从此进入抗日战争时期。国民党政府仍旧继续推行其封建法西斯主义教育，8 月 27 日颁布《总动员时期督导教育工作办法纲领》，要求全国各地维持正常教育，以就地维持课务为原则。12 月又决定以"战时须作平时看"为办理教育方针，一切仍以维持正常教育为主旨。这里所要维持的正常教育，只能是国民党政府所一贯推行的"一个政党、一个主义、一个领袖"的法西斯专制主义教育，至于"战时须作平时看"，也只是要求一如既往地或变本加厉地控制学校教育。虽然国民党政府也表示教育要"适应抗战需要"和"符合战时环境"，但它并不实行任何有利于抗战的民主改革，而是以此为借口对各级各类学校进行更加严密的控制。为了加强对沦陷区青年和辗转来到后方的战区青年的思想控制，1939 年成立了"教育部战区指导委员会"和"战地失学失业青年招致训练委员会"，前者负责维持战区各级教育，防止战区青年"被利用"，后者则负责收容和"组训"来自战区的青年，使他们不妨碍统治秩序，并防止他们投奔共产党所领导的抗日根据地。这些青年在经过严格的身份审查后，再进入进修班、训导所或战时中学、战时师范、职业训练班、劳作农场等处受训，接受其严格的军事管理和一贯施行的封建法西斯教育。

1945 年，中国人民经过 8 年浴血奋战，付出了巨大的民族牺牲，终于取得了抗日战争的伟大胜利。但是以蒋介石为首的国民党政府却妄图在美帝国主义支持下独吞胜利果实。在教育方面，它要求收复区的教育界"暂维现状，听候接收"，这和蒋介石要求日伪军"负责地方治安"的命令是一致的。8月16日国民党政府教育部颁布《战区各省市教育复员紧急办法》14条；对于接收工作还订有《紧急处理办法要项》13条。于是国民党政府立即派出教育接收人员和其他军政接收人员一起，在美帝国主义支持下，迅速飞往各收复区，并在各收复区设立教育复员辅导委员会。9月国民党政府教育部召开了全国教育善后复员会议，讨论了关于内迁教育机关的复员和收复区教育复员与整理等问题，并制定了一些有关的具体政策，其目的就是和中国共产党争夺收复区广大的教师、学生和青年，并加强对收复区师生和青年的思想控制。国民党政府对收复区的青年进行严格的甄审。其甄审的结果往往是，一些在沦陷时期民族意识较强、想方设法抵制奴化教育的进步师生被诬为"不稳分子"或"附逆有据"而被开除或被关进牢狱，而一些真正的文化汉奸和甘心附逆的民族败类却摇身一变而为国民党的地下特工人员，依然横行于学校或把持教育机关。国民党教育复员的另一任务就是利用辅导与救济失业等借口，诱骗青年，抵制革命，甚至以出卖敌伪所设专科以上学校的毕业文凭来诱骗青年，阻止学生投奔解放区，因此国民党政府教育复员的实质就是在教育领域抢夺抗日战争的胜利果实，继续推行其反共反人民的一贯政策。

1946年7月，国民党在美国支持下，挑起中国历史上空前规模的内战，但是人民武装力量在中国共产党的领导下愈战愈勇，不断取得胜利，至 1949 年初在辽沈、淮海和平津三大战役后已使国民党反动派的精锐部队丧失殆尽，人民解放战争的胜利已成定局。国民党政府仍然垂死挣扎，坚持其反共反人民的立场，1948 年还先后在平津设立东北临时大学、临时中学，在江南各地设立联合中学及临时中学 67 所，诱骗或强制东北地区和华北地区的青年学生到这些学校学习。1949 年 4 月人民解放军横渡长江，横扫残敌，南方各省相继解放。1949 年 9 月 3 日国民党政府在南逃至广州后还召开了教育行政检讨会，这次会议的主要目的就是维持其暂时控制地区内的学校现状，整饬学校风气以适应当时军政需要，确定了他们的工作重点有两项，一是要求学校与政府机关密切配合，防止共产党在学校活动，二是加强对学生的精神训练，注重政治教育及训导工作。为了激发学生反共意识，奖励各校教员从事反共讲演和反共著述，规定了具体的反共宣传活动。这一切激起了国民党控制区内师生的愤怒，各地学潮风起云涌，形成了一支与人民解放军相配合的第二战线，从而加速了国民党反动派的败亡和国民党反动派的封建法西斯主义教育的全面崩溃。

国民党政府的教育行政与
学制系统

国民党在广州国民政府时期于 1926 年 3 月 1 日成

立教育行政委员会，掌管中央教育行政机关，并指导监督地方教育行政。该会设常务委员 2 人（后增至 3 人），委员无定额。委员以下设行政事务厅，原拟设参事、秘书、督学 3 处承办具体事务，但督学处并未成立。1927 年 4 月，教育行政委员会迁至南京。10 月 1 日国民党政府成立大学院，撤销教育行政委员会。大学院为全国最高学术教育机关，不但管理教育行政，而且注重学术研究，设院长 1 人综合管理全院事务，设大学委员会审议全国学术上一切重要问题，下设高等教育、普通教育、社会教育、文化事业 4 处和专门委员会（如政治教育委员会、教育经济计划委员会、考试制度委员会等）及直属国立学术机关（如国立大学、中央研究院、中央图书馆等）。在设立大学院的同时，国民党政府还曾在江苏、浙江、河北等省试行"大学区制"。所谓"大学区制"就是将各省分为若干大学区，每一大学区设国立大学一所，以大学校长兼管区内教育行政及一切学术事宜，大学校长下设评议会、研究院和高等教育、普通教育和扩充教育 3 处，负责各项具体学术教育行政事务。由于大学院制和大学区制自始就受到一些人的责难与非议，所以，大学院建制年余即行取消，大学区制试行不到两年也被废止。1928 年 12 月国民党政府改设教育部，隶属于国民政府行政院，中央研究院则成为独立的学术研究机构，直属国民党政府管理。教育部下设高等教育、普通教育、社会教育、总务 4 司，1929 年增设蒙藏教育司及华侨教育设计委员会。1929 年 8、9 月间恢复教育厅制，在各省设教育厅，在各市县设教育局。此后中央为教育部、省为教育厅、市县为教育局或教育科的教育行政系统基本上固定下来。从清朝末年设立学部起到国民党政府的三级教育行政机构，我国的教育行政制度几经变更，日趋完善和稳定。但是由于国民党政府的反动统治和政治的黑暗腐化，各级教育行政机构多为官僚政客所把持，他们习惯于"等因奉此"逢迎上司，蝇营狗苟，无所作为，因此，无论怎样完备的教育行政制度也不可能推动教育事业的进步。

教育行政机关为了解情况，督导工作，设教育视导机构和专职视导人员。1926年广州国民政府教育行政委员会设有督学处，教育视导人员始称督学。1927年大学院成立，没有设立视导机构，但1931年的教育部组织法规定设督学4～6人，后来督学名额逐步增多，1943年后增至30～40人。1931年教育部公布《省市督学规程》，要求省市教育厅局设置视学机构，但当时各省市教育厅局专设视学机构的不多，到1946年教育善后复员会议决定各省市教育厅局设督学室，由主任督学1人负责，内分中等教育、国民教育、社会教育3股，每股指定督学1人主持。自此以后地方教育督导机构逐渐增多，有的县市也设有督学室或督学组。各级督学的任务是代表所在教育行政机关视察下属教育机关和各级学校对各种教育法规和教育计划的执行情况以及地方教育行政和学校教育的方方面面，然后向上级汇报视察情况，对下级提出指导和改进意见，同时各级督学还负有教育辅导的任务。各省市教育厅局的视导办法不尽相同，大体可分为驻区视导、分区视导、组织某种教育视导团集中视导、分科视导、临时派员视导等办法，各省市大多不限于采用一种办法。教育部督学于 1940 年前由于人数较少每年只到地方一二省市视导，人数增多后，则进行定期视导和特殊视导。定期视导就是在规定时间内对某一地区或某一教育种类进行视导。至于特殊视导则是针对特殊事件或教育行政的某一方面进行的视导，如对学潮的处理或对教育案例的调查，或视察专项经费的使用情况等。各级督学拥有某些督导实权，他们足迹所及，到处受到奉迎优遇，地方教育行政机关和各级各类学校唯恐得罪他们，因此各级督学很难了解到地方教育行政和各级各类学校教育的真实现状，这样的教育视导制度几乎形同虚设，而且在抗日战争胜利后不久，国民党又挑起全面内战，所谓教育视导也就不再提起而被搁置一旁了。

在学制系统方面，国民党政府基本沿用了 1922 年的壬戌学制，只是在 1928 年 5 月大学院在南京召开全国教育会议，对壬戌学制略作修改。在师范教育方面，废除了 6 年制师范学校，取消了师范专修科及师范讲习科的名目，添设了乡村师范学校，因此师范教育有 3 种：高级中学师范科、师范学校和乡村师范学校；在职业教育方面，它脱离普通中学而成为独立的职业教育系统，分为初级职业学校和高级职业学校；在高等教育方面，大学取消单科制而为多院制，师范大学没有单独规定它的地位，笼统地归入大学组织里。这个学制系统和壬戌学制没有太大的区别，因此以后学制系统又有几次局部变动，其中较大的变动是 1932 年 12 月废除了综合中学制度，将中学、师范、职业 3 种学校分别设立，不再将师范教育和职业教育合并在中学中。

抗日战争时期，国民党政府也多次变动学制系统，特别是对师范学校和职业学校的入学年龄作了比较灵活的规定，如师范学校定为 15 ~ 20 岁，初级职业学校定为 12 ~ 18 岁，高级职业学校定为 15 ~ 22 岁，高级护士职业学校定为 16 ~ 30 岁，高级助产职业学校定为 17 ~ 30 岁。

3 国民党政府对学校的控制措施

为了适应国民党的独裁统治，国民党政府以三民主义做掩护，采取了一系列措施，企图全面控制学校教育，这主要有以下几个方面。

在政治思想方面，注重以中国传统的封建道德，毒害和禁锢学生的思想，它将"忠孝仁爱信义和平"八德作为施教方针，在历年所颁布的各级学校课程标准中都列入有关材料，时时向儿童和青年灌输封建的伦理道德，教导学生循规蹈矩，一意力学，效忠"党国"。为了提倡旧道德，配合对苏区的军事"围剿"，1934 年起蒋介石在整个国民党统治区发动了一场"新生活运动"。接着，国民党政府教育部秉承蒋介石的意旨，在学校中广泛开展了"新生活运动"，向学生灌输以"礼义廉耻"为中心的封建道德观念，并贯彻到学生的一切行动中去，蒋介石还多次发表讲话，反复强调"新生活运动"的目的就是要学生的思想行为合乎他所谓的"礼义廉耻"的要求，达到军人生活的标准，因此在国民党统治区的思想教育中，封建道德教育始终放在首位。抗日战争时期，国民党反动派积极反共消极抗日，在 1939 年 3 月颁布的《国民精神总动员纲领》中竟把传统的封建道德说成是民族兴衰的根源，并称之为"救国之道德"，要求人们对国家尽忠。在这里他们所说的国家，就是指国民党政府，因此他们精神总动员的实质就是统一军令政令于他们手中，反对中国共产党所坚持的独立自主的原则，取消八路军、新四军和抗日民主根据地。1939 年 7 月，国民党政府颁发《全国青年实施国民精神总动员具体办法》，通令学校、社会教育机关督促教师和学生切实实施。为了灌输封建主义的伦理道德，国民党政府还建立了严格的训育制度，1929 年开始在中小学普遍设置训育主任、训育员和党义科（后改为公民科）教员，时刻监督学生的言行，利用各种机会对学生进行封建道德教育和反共宣传。到抗日战争时期，采取了更加严密的反动训育制度，中等以上学校均设立训育处或训导处，大学设训导长 1 人，独立学院、专科学校和中等学校设训育主任 1 人，并设训育员协助训导长或训育主任工作，对学生的思想言行进行全面控制。从 1938 年起，国民党政府又在中等以上学校推行导师制。所谓导师制，就是将各校每年级学生分为若干组，每组设导师 1

人，导师必须利用一切机会，采取多种方式，对学生的思想、行为、学业及身心健康进行严密的训导和详细的记录，作为学生升级、毕业的根据，并供有关方面查阅。国民党政府对各级学校的训育提出了不同的目标，在小学教育阶段，要求小学生"以养成良善的习惯与德性，做一个健全的中国公民为目标"。在中学教育阶段，训育目标为："陶融青年'忠孝仁爱信义和平'之国民道德，并养成勇毅之精神与规律之习惯。"在大学教育阶段，训育的目标就是防止学生造反，使其成为国民党政府的忠实奴才和法西斯特务组织的驯服走卒。国民党反动派还在中国共产党的根据地和游击区设立所谓的"中山民众学校"，推行所谓的特种教育。特种教育是从 1933 年开始施行的配合国民党反动派军事"围剿"，加强其在农村基层统治的措施，是国民党反动派进行政治"围剿"的一种工具，其目的在于消除根据地和游击区人们的革命思想。中山民众学校分设儿童班和成人班，儿童班招收 7～16 岁的少年儿童，1 年毕业；16 岁以上的进入成人班，成人班的主要课程为公民课和自卫课等。公民课的主要任务是宣扬三民主义，所谓"揭露"共产党所作所为，提倡"忠孝仁爱信义和平"等固有道德，讲授公民生活常识；自卫课施行保甲、保卫、打靶、侦探的训练，担任建筑碉堡、挖掘战壕、修筑道路、组织"铲共"义勇队、搜查游击队及埋藏枪械等。从中山民众学校的课程来看，它不是一般的学校教育，而是国民党对革命根据地进行反革命"围剿"的一个组成部分。抗日战争时期，国民党反动派在陕甘边区和皖南抗日根据地周围的地方及被其侵占的革命地区，继续推行这种反共反人民的"特种教育"。他们在这些地区又设立了许多中山学校，强迫人民施行壮丁训练，进行形形色色的反共宣传。

在学校管理方面，国民党政府运用各种行政高压手段来控制学校。对于公立学校，校长非国民党者全部罢免，由教育厅局另派国民党员为校长。对于私立学校，禁止先设校后报请立案的做法，学校办理不善或违背法令时，主管教育行政机关可令其停办或撤销其立案，这样，私立学校就完全被置于国民党政府的控制之下。对于学校中的学生会等学生团体，国民党政府也严加限制。1930年1月颁布《学生团体组织原则》、《学生自治会组织大纲》及施行细则，规定在学校中建立学生自治会需经当地国民党党部批准，进行组织时必须请学校派员指导。学生自治会只能以三民主义为指导思想，不得干涉学校行政，更不得干涉国政，这样就把五四以来学生从事革命活动的组织变为其控制学生的工具。对于各级各类学校中的学生，国民党政府利用军训进行法西斯的军事管理，高中以上学校学生按军事编制进行组织，专科以上学校称队，下设中队、区队、分队，每分队10人；中学称团，下设中队、小队，每小队6～10人。校（院）长为队长或团长，训导长与军训主任教官为副队长或副团长；区队长、分队长或小队长均由学生充任。初级中学和小学则组织童子军，凡年满12岁的男女都必须参加中国童子军，不满 12 岁的小学生可参加男女幼童子军。童子军编制分甲乙两种：甲种是凡童子军 6～9 人为小队，2～3 个小队组为中队，2 个中队以上组为童子军团；乙种是凡两个小队以上都可以组成童子军团。这样，俨然把学校当成了兵营，用管理军队的办法来管理学校。由于在军训过程中教官对学生动辄呵斥、打骂、罚站，或在烈日下罚骑马式或顶砖，甚至禁闭，不给饭吃，因此，这种法西斯主义的军事训练引起学生的极大不满。特别是在抗日战争时期，广大青年学生越来越看透了国民党消极抗日积极反共的阴谋，纷纷起来抵制军训。后来在学生运动中更有捣毁队部或团部，赶跑军事教官或训导主任的事情发生。抗日战争胜利后，各校军训已名存实亡，许多学校不再有军训编制或军训教官。对于各级各类学校的教师，1930年国民党政府规定公私立学校教职员在任事之前一律宣誓："恪遵总理遗嘱，服从党义奉行法令，并遵守国民政府公布之中华民国教育宗旨及其实施方针，忠心及努力于本职，如违背誓言，愿受最严厉之处罚。"1938 年以后更规定高中以上的学校学生在入学之后也须进行类似的宣誓。国民党在学校中除了依靠公开的专制统治之外，还依靠秘密的特务恐怖统治。他们渗透到各种教育机构和学校中，形成一个严密的监视网，镇压师生的爱国民主运动，把教育机关和各级学校变成人间黑暗的地狱。自 1927 年至 1932 年，国民党屠杀了百余万革命者，其中有不少就是革命的教师和学生。那些被法西斯特务侦知传播革命思想的学校还遭到查封或被勒令停办。如国民党曾在上海查封了上海大学、大陆大学、华南大学、建华中学等，在南京曾查封了晓庄师范。1927 年下半年湖南省和江西省两省的中等学校，1928 年上半年云南省的中等以上学校都被勒令停办。

在文化知识的学习方面，国民党以整顿学风为名，以会考制度为手段，企图把学生胶着在书本知识的学习上。1930 年 12 月 6 日，蒋介石在兼任教育部长的当天就发布了《整顿学风令》，要求学生专心学习，涵养身心，不得干涉行政，以免荒废学业。12 月 11 日又以国民党政府行政院的名义发表了《告诫全国学生书》，说什么各地学校的学风败坏和学潮蜂起将危及国家前途，威吓说国民党政府将严厉制止，如法惩处。为了有效地控制学生的行动和整顿所谓的学风，国民党政府从 1932 年起在中小学推行会考制度。毕业学生必须在学校的毕业考试中成绩及格，才有资格参加会考，会考的结果各科全都及格才能取得毕业资格，取得毕业资格后，方能参加升学考试。因此，会考成为学生能否毕业的关键，于是各中小学为迎接会考，纷纷增加平时考试。小考、月考、季考、期中考、期末考等考试名目繁多，一齐压向学生，于是课程加重，习题增多，学生被束缚在课堂上，无暇关心时事，过问政治。从 1934 年起又在各类师范学校或师范科实施毕业会考制度。这种摧残学生身心健康、禁锢学生思想的会考制度遭到各地学校学生的反对和抵制，1933 年 7 月安徽省各中学组织反会考大同盟，发出了反对会考的宣言。抗日战争时期国民党继续推行会考制度。

1940年3月《新华日报》发表了一篇文章指责会考制度说："考试就成了锻炼我们的惟一熔炉。堆得如山如海的试题紧压在我们头上，使得一个最聪明最用功的得头名的学生，也没有把功课完全弄清过。那么，我们的同学还有什么本领去研究时事问题和社会问题呢？这不是我们生活上一个矛盾吗？我们分不清我们是被锻炼，还是被摧残。"在抗日烽火燃遍祖国大地之时仍然推行束缚学生思想和行动的会考制度，不正是对学生满腔爱国热情和强烈抗日愿望的粗暴践踏和严厉摧残吗？

进步师生的爱国民主运动

国民党反动派在教育上的反动措施和法西斯的高压政策，激起了青年学生的激烈反抗，他们在中国共产党地下组织的领导下，以各种名目组织各种团体，如"读书会"、"文艺社"、"反日会"、"抗日会"、"救国会"等，团结教育青年学生，与国民党反动派作斗争。特别是九一八事变以后，学生爱国团体在全国各地如雨后春笋般涌现，反对国民党政府的不抵抗政策和法西斯独裁统治，反对会考制度，反对军训和军事管理的斗争不断发生。针对国民党政府的卖国行径，1931年12月北京大学学生组织了"南下示威团"，到南京街头游行示威；南京中央大学组织"中大示威团"，支持北京学生的斗争；以后上海学生也组织了总示威。学生的行动，遭到国民党反动当局的残酷镇压，激起了更多的学生、工人和市民的更大斗争，终于在

1935 年 12 月 9 日爆发了一二·九运动，很快形成了全国抗日民主运动的新高潮。抗日战争时期由于国共两党第二次合作的实现与广泛的抗日民族统一战线的建立，在中国共产党的领导和影响下，各地抗日救亡运动蓬勃发展，进步师生组织各种救亡团体，如"学生界救国联合会"、"青年抗敌后援会"等，许多学校还组织起救国会、救亡工作团、剧团、歌咏队等。这一时期虽然没有像一二·九运动那样轰轰烈烈的大规模游行示威运动，但进步师生更加广泛和深入地坚持进步反对倒退的斗争一直没有停止过。他们利用隐蔽的或合法的组织如学生会、同乡会、膳食委员会、剧社、歌咏队、地下读书会等，或利用五四纪念会，或"声讨汪精卫"来影射、揭露国民党反动派破坏国共合作、制造分裂的阴谋和罪恶；他们团结起来针对国民党反动派派遣的反动教师、特务学生和三青团骨干分子，灵活而坚决地进行各种形式的斗争，使这些反动分子在学校陷于孤立；他们相互传阅进步书刊，形成了一个学习马克思主义理论的热潮；他们在忍无可忍的时候，特别是在抗战后期，也走上街头举行游行示威。如 1944 年 10 月成都学生举行火炬游行、昆明学生举行 5000 余人的大集会，拥护中国共产党提出的废除国民党一党专政、建立民主联合政府的主张。1945 年 5 月 4 日，昆明 10000 多学生又举行大示威，要求取消国民党一党专政，组织联合政府。到抗战后期，国民党统治区进步师生的爱国民主运动正在走向一个新的高潮，解放战争时期他们又掀起了规模空前的反内战反迫害的斗争。1945 年 11 月、12 月之交，昆明学生举行反对内战的时事讲演会和示威游行，国民党反动派制造了一二·一惨案。惨案发生后，反内战运动从学生到工人，从城市到乡村迅速扩展开来。1946 年 12 月，北平学生为了抗议美军士兵强奸北京大学女学生又举行了 10000 余人的游行示威，并逐渐形成了一场全国性的声势浩大的要求美军撤出中国的反美爱国运动。1947 年 5 月，爆发了要饭吃要和平要自由、反饥饿反内战反迫害的五二○学生运动。国民党反动派又制造了五二○惨案，全国 60 多个大中城市的学生行动起来，坚持与国民党反动派进行英勇顽强的斗争，从而形成了人民解放战争的第二条战线。此后各地学生的爱国民主运动风起云涌，此伏彼起。如 1947 年 10 月浙江大学师生 2000 余人举行集会，抗议国民党政府借口所谓的"戡乱"，大肆开除和逮捕进步学生，又一次形成全国性的反迫害运动。1948 年 5 月上海学生发起了十万人的反美扶日签名运动，抗议国民党政府屈从美国扶植日本的意旨，丧心病狂地任命日本战犯为顾问。总之，解放战争时期国统区进步师生广泛的爱国民主运动，有力地配合了人民解放战争，加速了蒋家王朝的覆灭。

国民党政府控制下的各级各类教育

高等教育机关主要有大学、独立学院和专科学校 3

种。1939 年起开始在游击区及接近前线各省设临时政治学院，设校分国立、省立和私立。1929 年全国有高等院校 26 所，在校学生 29123 人；1937 年全国有高等院校 91 所，学生 31188 人。抗战爆发后，日寇肆意摧残我国高等教育。1938 年能够继续维持的高等院校为 83 所，其中 37 所已由战区迁至后方，但由于抗战时期战区广大师生不甘屈辱纷纷内迁，而内地各省群众也奋起振兴教育，所以全国高等院校在 8 年抗战期间反而得到较大发展，至 1947 年达 207 所，在校学生共计 155036 人。抗日战争胜利后，国民党反动派忙于内战和镇压学生运动，已无暇顾及高等教育的建设了。

师范教育方面，由于 1922 年壬戌学制的推行，中等师范教育得到较大发展，而高等师范教育却遭到削弱，加之自 1928 年起各地开设乡村师范培养农村小学教师，中等师范学校的数量急剧增加，1929 年为 667 所，1932 年为 867 所，至 1946 年更增加到 902 所。高等师范教育的发展缓慢，北京师范大学和女子师范大学于 1928 年推行大学区制时被改为北平大学第一师范学院和第二师范学院，后来虽然重新合并为北平师范大学，但到 1932 年又遭受了几乎被取消的命运。1936 年全国接受高等师范教育的学生只有 4236 人，自 1938 年起国民党政府开始重视高等师范教育，陆续增设师范学院，至 1947 年共有独立设置的国立师范学院 9 所，省立师范学院 2 所，国立大学附设师范学院 4 所，师范专科学校 13 所，此外还有 24 所大学和省立新疆学院设有教育系，私立中国学院设有哲学教育系，私立华南女子文理学院设有家事教育学系，私立乡村教育学院设有乡村教育系等。高等师范院校在校学生为15891人，其他学校教育学科的在校生也增加到5548人。在抗战期间高等师范教育是有所发展的，但由于长期战争的破坏以及国民党政府的反动统治，这种发展是极其缓慢的。

在中等教育方面，1928年国民党政府废止了高中普通科文理分组办法，1932年确立了中学、师范学校和职业学校分别设立的体制，规定中学分初中、高中各3年，取消普通科名称，公立高中必须附设特别师范科和简易师范科。1939年以后试办6年一贯制中学，初级中学分甲乙两组，甲组做就业准备，乙组做升学准备。高级中学也分甲乙两组，甲组侧重理科，乙组侧重文科。中学的设置有省立、市立、县立、联立和私立5种。抗日战争时期为安置战区青年在后方设立国立中学，抗战后改为省立，分别交各省教育厅办理。1947～1948年，国民党为欺骗笼络青年设立所谓的"临时中学"及"联合中学"，收容各地流亡学生，并给予学生公费待遇。由于国民党的反动统治和战争的破坏，30～40年代我国中学教育的发展比较缓慢，1931年全国共有中学1893所，1937年为1240所，至抗日战争胜利后全国也只有4266所中学。

在职业教育方面，由于发展资本主义经济的需要，国民党政府比较重视职业教育。1931年命令各省酌情举办高初级农工科职业学校，各普通学校一律添设职业科目或职业科，各县立中学逐渐改组为职业学校或乡村师范学校，各县市及私人呈请设立的普通中学都改办职业学校。职业学校以就某业中之一科单独设置为原则，分为初级和高级两种，可附设各种职业补习班和职业补习学校。此外各高级职业学校及专科学校、各地方政府或行政机构、私人和团体都可根据自己或社会的需要自行举办各种短期职业训练班。初级职业学校以县立、市立为原则，也可由两县或数县联合设立。高级职业学校以省或直辖市设立为原则，各社团、工厂、商店和私人都可按照规定申办私立职业学校。为照顾地方财力和师资，国民党政府还设立各种国立职业学校，同时指定若干大学及专科学校分别附设职业学校及职业科。抗战时期由于抗战需要和大后方建设的需要，职业教育有较大发展。1937 年全国有职业学校 292 所，在校学生 31592 人。至 1945 年有职业学校 576 所，在校学生 102030 人。1946 年有职业学校 724 所，在校学生 137040 人。这些职业学校对于解决企事业单位对技术人才的需要和中学毕业生的失业都起了一定的作用。

在初等教育方面，小学分为 4 年制初级小学和 2 年制高级小学两种，此外还有为普及义务教育服务的 3 年制简易小学、1 年制短期小学和 2 年制短期小学，国民党政府把每一个有 1000 人的乡村城镇地区划为 1 小学区，作为开办短期小学的单位。初级小学可以单独设立，高级小学必须与初级小学合并设立，短期小学可以单独设置，也可以附设于普通小学或公共机关。普通小学一般由市县和区坊乡镇设立，也有私人或团体设立的小学，还有很小部分的省立小学。抗战时期，从 1940 年起，国民党政府正式推行所谓把义务教育与民众补习教育合流的国民教育制度，规定在每个乡镇设立中心学校，每保设立国民学校，直接隶属于县市政府。中心学校和国民学校的校长分别为乡（镇）长和保长，后来改为专任。乡镇中心学校教员兼任乡镇公所文化股主任及干事；保国民学校教员兼任保办公处文化干事。中心学校和国民学校都设有小学部和民教部，小学部负责儿童义务教育；民教部负责成人男子和妇女的补习教育。从 1944 年起，国民党政府还鼓励各级行政机关、国民党党部、教育机关及工厂、公司等设立和民教部性质相同的民众学校，推行失学民众补习教育。国民教育制度是为实行所谓政教合一的"新县制"而制定的，而新县制的实质就是以乡镇保甲制度对人民实行法西斯的专制统治和管理，进行封建思想的教育，从而达到防御人民起来反抗的目的。据国民党政府的统计，1929 年入学的学龄儿童为 17%，至 1945 年上升为 66%。

在华侨教育方面，国民党政府一直设有主管机关，但在 1931 年设立侨务委员会以后，就始终存在着侨务委员会与教育部之间争夺对华侨教育的监督和控制权的斗争，而对于海外华侨在办学过程所遇到的障碍和困难，这两个机构都不能帮助他们克服和解决，因为国民党政府筹措不到足够的经费，也派遣不出足够的合格师资，更不能抵制华侨居留地政府对华侨教育的无理干涉和对华侨的野蛮迫害。国民党统治时期，华侨教育发展缓慢，在国内，国民党政府设立了 3 所国立侨民中学和 2 所国立侨民师范学校，令南方一些大学增设侨生进修班，收容归国华侨学生，举办了 3 期侨民教育训练班（所）和 2 期侨教师资讲习会，培养华侨教育的师资力量；在海外，至 1946 年底分布于世界各地的华侨学校共有 3445 所，但其中中学只有 100 余所，其余都是小学，广大的华侨学龄儿童不能受到完整的祖国文化的基础教育。

在留学教育方面，国民党统治时期，青年学生出国留学的途径主要有公费和自费两种，公费来源于国民党中央或地方政府、清朝政府给帝国主义国家的庚子赔款、国际间交换学生以及留学国大学和团体的各种奖学金。各种公费留学都须经过考试，自费留学于 1933 年前只要有钱就能出国。1933～1942 年间则须持有专科以上学校的毕业证书或毕业于高级职业学校并任技术职业 2 年以上。1942 年以后必须经过统一考试，不过，考试要求比公费低，公费留学考试落榜的还有可能自费留学。1938～1942 年间出国留学以研究军、工、理、医各科学生为限，文、法等科学生一般不能出国留学。在半封建半殖民地的旧中国，大学毕业就是失业的现象非常严重，因此，虽然自费留学花钱很多，但是，许多争取不到公费留学的有钱人家为了子女到国外镀金后回来找到一份理想的职业，都很乐意自掏腰包送子女到国外留学。对于出国留学生，国民党政府在各留学国于 1927～1945 年间都曾设有留学监督负责管理。1929 年出国留学生 1657 人，这是国民党统治时期出国留学生最多的一年。以后人数急剧减少，

1932 年为 576 人，1933 年为 621 人，1938 年为 92 人，1941 年为 57 人，1942 年为 228 人，1943 年为 359 人，1945 年为 8 人，1946 年又增加为 730 人。国民党政府仰仗帝国主义的鼻息，国际地位低下，海外留学生遇到困难时，它既不能为留学生撑腰，也不能给予他们以真正的救助和支援。

 6 资产阶级的乡村教育运动

20 世纪 20 年代至 30 年代，资产阶级教育改革家在中国掀起乡村教育和乡村建设运动的热潮。他们为了解决中国农村贫穷落后的问题，从而达到推动社会进步、复兴民族和富强国家的目的，普遍进行乡村教育和乡村建设试验，先后建立的农村教育试验区就有193 处。黄炎培领导的中华职业教育社是中国现代教育史上最早提出在农村进行教育改革实验的团体。1926年夏，它选定江苏昆山县徐公桥为农村改进试验区，推行乡村职业教育，实施乡村教育的改革。试验 6 年时间，到 1934 年 7 月 1 日试验结束。从徐公桥实验区开始，到抗日战争时期，由中华职业教育社办理或代办的乡村事业共有 30 多处。中华平民教育促进会从1926 年 10 月开始也逐渐把工作重心转移到农村，在河北省定县进行农村平民教育实验。实验针对农民愚贫弱私四大病症采用"学校式、社会式、家庭式"三大教育方式对农民进行文艺、生计、卫生和公民四大教育。实验由村及区再到全县，1932 年，中华平民教育促进会与河北省政府合作，成立定县实验县。以后又有湖南、贵州、四川等省与中华平民教育促进会合作，推广定县实验县的经验。抗日战争时期，中华平民教育促进会迁至四川重庆，1940年在巴县歇马场设立了乡村建设育才学院，后来改为私立乡村建设学院，专门培养乡村建设人才。陶行知在几年的城市平民教育实践中也逐渐把注意力转移到农民和乡村教育，1927年3月15日，他与东南大学赵叔愚一起以中华教育改进社的名义在南京北郊方山下的晓庄创办了试验乡村师范学校，简称晓庄师范学校，培养乡村学校的教师。晓庄师范学校附设小学师范院、幼稚师范院、8所中心小学和4所中心幼儿园。此处还有3所民众夜校、晓庄医院、晓庄联村救火会、中心茶园、中心木匠店、石印工厂等，实行教育与生产劳动、社会生活紧密结合。1930年春，晓庄师范学校因师生举行反帝示威游行而被当地政府封闭，被迫停办。1932年9月，陶行知又在上海大场孟家木桥村创办了山海工学团，开始了他新的乡村教育改革实验。山海工学团把工厂、学校、社会打成一片，注重对成员进行军事、生产、科学、识字、运用民权和节制生育等6种能力的培养。同时组织他们参与各种社会服务活动，如修路、挖鱼塘、创办合作社、抗旱救灾、放电影等，从而形成一个改造乡村的富有生机的新细胞，1937年因抗日战争爆发，山海工学团的试验被迫停止。梁漱溟是中国现代著名学者、教育家和乡村运动的倡导者，他认为只有通过乡农学校的形式，把乡村组织起来开展自救，才能解决中国乡村存在的种种问题。1929年他担任河南村治学院教务长，开始了乡村建设的实践活动。1931～1937年他又担任山东乡村建设研究院研究部主任，先后在山东邹平、菏泽、济宁等10多个县系统地进行乡村建设的实验研究。山东乡村建设研究院主要是培养各级乡村建设人才，由这些人创办乡农学校来推进乡村建设运动的开展。乡农学校分村学和乡学两级，村学是乡学的基础，乡学是村学的上层，乡农学校各组成人员必须遵守梁漱溟拟定的《村学、乡学须知》，使乡村建设试验有秩序地推进。

上述中华职业教育社办的农村改进实验区、陶行知创办的晓庄师范学校和山海工学团、中华平民教育促进会的定县平民教育实验区、梁漱溟在山东邹平办的乡村建设试验等，都是乡村教育运动中比较有影响的，引起教育界的注目和社会各界的重视，甚至得到国民党政府的合作。他们还彼此互通声气、相互参观、介绍经验，也聚合在一起讨论乡村教育，形成一种运动。由于历史的局限，他们都未能找出社会的病根，也没能选择正确救治社会的手段，梁漱溟甚至反对用革命的农民运动来解决农村问题，所以他们的试验都没有成功，也不可能达到预期的目的。然而，他们重视农村教育和发展农村经济的主张却是正确的；他们放弃城市优裕的生活，到条件艰苦的农村去发展乡村教育的精神是可敬佩的；他们通过试验研究所取得的经验教训以及所形成的乡村教育和乡村建设的理论，也是中国教育史上一份重要的文化遗产。

七　外国侵略势力的
奴化殖民教育

在中国近代近百年史上，外国资本——帝国主义不仅用坚船利炮来进行武力征服中国，而且企图用奴化教育来征服中国人民的精神和灵魂，从而使中国变成它们彻头彻尾的殖民地或半殖民地。外国资本——帝国主义的奴化教育可分两类：一类是采取牧师式的欺骗，这主要是通过传教士创办教会学校、医院、报刊等文化侵略活动来进行，例如欧美列强在未能大规模占领中国领土的情况下而对中国人民采取的奴化教育方式。另一类是帝国主义采取赤裸裸的方式美化、神化本民族，贬低和消除我国民族文化，强制灌输奴化思想，例如日本帝国主义在大规模占领我国领土后所进行的殖民教育。中国人民对外国资本——帝国主义所推行的奴化教育政策始终采取拒斥和抵制的态度，经过民主革命不屈不挠的斗争，终于推翻了帝国主义在华统治，彻底清除了奴化教育的流毒及其影响，确立了崭新的社会主义教育制度。

牧师式的欺骗及其破产

　　外国传教士对中国文化教育的侵略活动早在鸦片战争前就已经开始了。1818 年英国传教士马礼逊在马刺甲开设的英华学校，1835 年广州、香港等地的传教士和商人组织的"马礼逊教育协会"，1839 年美国传教士在澳门开设的马礼逊学校等都是作为向中国大陆进行文化教育侵略活动的准备。第一次鸦片战争以后，外国传教士在《南京条约》的保护下大量涌入中国，创办了第一批教会学校，其中比较著名的有 1844 年英国东方女子教育协进社会员爱尔德赛在宁波创立的女子学校，1845 年美国长老会在宁波创立的崇信义塾，1850 年美国长老会在上海创办的清心书院，英国安立甘会在上海创办的英华书院，法国天主教会在上海创办的徐家汇公学，1853 年美国公理会在福州创办的格致书院，法国天主教会在天津创办的法汉学堂和正诚小学等。这些早期教会学校大多规模很小，程度很低，附设在教堂中作为传教的辅助机构，其教学目的就是使学生们信教。第二次鸦片战争以后，各教派创办的教会学校逐渐走向联合行动，改变了以前各自为政的状态。1877 年它们成立了基督教学校教科书编纂委员会。这是外国资本主义最早的一个对中国进行文化教育侵略的联合组织，其任务是为教会学校编写和出版教科书，企图通过教科书对中国青少年进行宗教教育和灌输崇洋媚外思想，1890 年该组织改组为中华教育会，成为外国资本主义对中国进行文化教育侵略的联合总部。教会学校的联合反映了外国资本主义企图全面控制中国新教育发展的动向。在义和团运动以前，教会学校对中国固有文化采取排斥的态度，除了与他们侵略利益相符的某些封建礼教外，几乎全部加以否定，妄图以帝国主义文化来征服中国固有文化，以基督教思想战胜中国传统思想。因此，教会学校所开设的课程最主要的是宗教。它是一切学科的中心，其他课程如语文、史地和自然科学等只不过是作为吸引学生、进行宗教教育的手段。早期教会学校很少教英文，甲午战争以后，英语教学逐渐在教会学校中普及起来，成为教师在课堂上讲课通用的语言。从 19 世纪末到 20 世纪初年起，教会学校常利用英语学习作为一种吸引中国有钱或官僚家庭的儿女进入教会学校的手段，从而灌输给青年学生宗教迷信和亲外、崇外及媚外的奴才心理。总之，教会学校的一切课程都是为奴化中国人民这个最终目的服务的。义和团运动后，教会学校为了配合帝国主义"以华治华"的政治阴谋，改变了过去的策略，它们提倡基督教教育应与中国旧文化教育相结合，将基督精神与中国传统思想结合起来，以此作为麻痹中国人民的思想武器。与此同时各帝国主义国家也大力加强教会学校的建设，特别注意办理高等学校，许多教会大学纷纷建立起来。著名的如 1901年的东吴大学，1904 年的岭南大学，1906 年的沪江大学，等等。除了基督教办的大学外，天主教也办了一些大学，如 1903 年成立的上海震旦大学。为了加强帝国主义对教会大学的控制，在 20 世纪初期，许多教会大学都在美国立案注册。经过这种国外立案，教会大学毕业生可以直接升入外国大学研究院，无需经过考试等手续；同时，教会大学还可以颁发美国大学认可的各种学位，这样就可以抬高教会大学的地位，养成学生的崇外心理。为此，帝国主义还在美国设立一个控制中国各教会大学的中心机构——中国基督教各大学联合托事部。为了加强各地各级教会学校的组织和联系，1912 年，中华教育会又改组为全国基督教教育会，该组织把中国分成 8 个省区，每区都设立 1 个教育会，并以省区教育会为基础组织了"全国基督教教育董事会"，负责联系和指导全国基督教教育事宜。由于外国资本主义对教会学校的重视，教会学校的发展很快，1876 年全国基督教教会学校学生为 5975 人，1898 年为 16836，1906 年为 57683 人，1916 年为 184646 人，1920 年为 245049 人。到 1926 年，由基督教办的各级学校有 7382 所，学生 214254 人，其中普通中小学为 6890 所，学生 199694 人；由天主教办的各级学校有 6255 所，学生 144344 人。教会学校占全国学校总数的 7.65%，教会学校的学生占全国学生总数的 5.14%，在全国每 1257 人中就有教会学生 1 人。教会学校一贯是作为外国资本——帝国主义侵略中国、奴役中国人民的工具而发展起来的，因此在中国人民掀起反帝爱国运动高潮时，也就暴露出其狰狞面目，公然在 1925 年五卅运动前后粗暴地禁止学生纪念国耻，禁止学生参加爱国运动，野蛮地殴辱中国学生，蹂躏中国人民的学校，践踏中国国旗。教会学校的行径促进了中国人民的觉醒，中国人民掀起反基督教和反教会学校奴化教育的斗争，汇合成教育战线上反帝斗争的洪流。

事实上，中国人民从来没有停止过反教会学校奴化教育的斗争，中国广大人民对外国侵略势力的反抗一直是坚决的，看穿了假借宗教或教育名义而实行侵略勾当的传教士们的险恶用心。所以，教会学校从一开始就遇到了很大的困难，早期的教会学校总是招收不到足够的学生名额。

如果从 1807 年基督教初来中国时算起，到 1890 年基督教在中国已有 80 多年的历史，而每个传教士平均只招收 20 多个教徒和 10 多个学生，这些教徒和学生又大半是"被财利所诱"，或是与传教士狼狈为奸的"奸民"，这不能不算是中国人民几十年来反洋教斗争的成果。

由于帝国主义分子加紧对教会学校的师生施加压迫和控制，中国教师和学生也开始初步地向帝国主义分子展开了斗争。1909 年教会学校教师和中国教育家们联名向中华教育会第六届大会提出了提高中国人在基督教教育中的地位等要求，许多教会学校的学生为了反抗帝国主义的压迫，还提出罢课、退学等要求，与帝国主义分子展开斗争。1905 年上海震旦学院一部分学生为反抗传教士的压迫，愤而退学，另组复旦公学，公推马相伯为校长。同年 5 月，清心书院的学生因爱国活动受到学校当局的无理阻挠而一律罢课退学；1910 年上海徐家汇公学学生 300 余人因传教士滥用笞刑，用竹板皮鞭抽打学生，愤而退学。腐朽透顶的清朝政府在行将溃灭之前还颁布了《咨各省督抚为外人设学无庸立案文》，开门揖盗，此后，各帝国主义国家更肆无忌惮地在华创办教会学校而不受中国教育行政当局的管辖，教会学校也有恃无恐地用种种手段胁迫学生信奉宗教，限制学生参加爱国运动。这种情况早已激起教育界爱国人士和广大学生的愤怒，1917 年，蔡元培就指出欧洲的宗教是不能吸收的东西，并提出"以美育代宗教"的观点。李大钊也于 1919 年著文论述宗教起源及其消亡的历史条件。五四前后，在宗教问题上反对帝国主义文化教育侵略的斗争已成为一个十分尖锐的一触即发的问题，终于以"世界基督教学生同盟"要于 1923 年在中国清华大学举行第十一次代表大会为导火线，爆发了空前的非基督教运动，并进而发展到收回教育权运动。

世界基督教学生同盟是美帝国主义分子穆德组织的，早在 1901 年他就透露了通过控制中国学生的办法在中国培养代理人的意图，1912～1913 年间他到中国 11 个城市布道，提出要在北京举行下届"世界基督教学生同盟"大会。针对美帝国主义这个新的侵略行动，中国社会主义青年团于 1922 年 3 月在上海领导发起组织"非基督教学生同盟"，通电全国要求抵制世界基督教学生同盟在中国召开第十一次大会。通电发出后，全国响应，北京发起组织"非基督教大同盟"，在中国共产党的领导下，形成了一个广泛的爱国统一战线运动，全国很多地区都组织了类似的组织。1924 年随着革命形势的发展，教会学校的反动面目更进一步暴露，它们破坏学生运动，迫害进步师生，甚至公开教训学生，说什么："已入教会学校读书，应该断绝国家关系，爱国二字断无存在的余地。"针对帝国主义的行径，全国各校师生愤起罢课、示威游行，或集体退学，以示抗议，并提出收回教育主权的口号，将运动推向新的高潮。第一次国内革命战争时期，对帝国主义教会学校的奴化教育，首先举起反抗旗帜的是英国圣公会在广州办的"圣三一"学校的学生。为了反对帝国主义分子英籍校长禁止学生组织学生会、禁止学生举行"五九"国耻纪念，并一再开除学生，他们从1924年4月起进行罢课斗争，两次发表宣言，揭露帝国主义分子对学生进行压迫的罪行。与此同时，广州圣心学校、福州协和中学、南京明德女校等10多所由法国、美国办的教会大中学学生，也都起来抗议本校帝国主义分子殴辱学生、禁止学生参加"五九"国耻游行和不向中国政府立案等蛮横罪行，采取罢课、部分退学和全部退学等方式，积极展开斗争。1924年6月广州教会学校学生联合发表的《广州学生收回教育权运动委员会宣言》，是当时爱国进步青年抗议教会学校奴化教育的最有代表性的一份文件，它坚决要求收回一切外人在华办校之教育权，教会学校必须向中国政府注册立案，课程设置要受中国政府的支配；它坚决反对对学生进行宗教教育，强迫学生做礼拜、念圣经和剥夺学生集会、结社、言论和出版的自由。这个《宣言》在全国范围内引起很大震动。中华教育改进社于同年 7 月和全国教育联合会于 10 月都讨论了有关收回教育权的问题。1924 年全年，全国各地的教会学校，特别是湖南省内美国教会办的大学和中学以及河南、四川等省的教会中学都掀起罢课、退学的浪潮。到 1925 年五卅运动前后，收回教育权运动达到了高潮，许多教会学校学生全体退学，如上海圣约翰大学部和中学部全体学生退学、全体中国教职员辞职，另立光华大学，天津日文书院的全体学生也离校退学，退学运动遍及全国各大城市，教会学校被迫关门改组，数量急剧下降。在收回教育权运动的打击下，帝国主义分子被迫做出让步，1925 年 4 月中华基督教教育会发表宣言，承认教会学校应向中国政府注册立案，应该遵守中国政府之规定；1926 年又决定取消教会小学的前期英语教学、中学课本除英语外概用中文，大学应该注重国文等；1927 年又决定将教会学校逐渐交还给中国人自己管理。广东国民政府从成立之初，就曾于 1925 年 9 月召集接管教会学校的会议，着手从帝国主义分子手里接管教会学校。至 1927 年 1 月，把美国纽约万国传道总会手里的岭南大学收回自办。这是反教会学校奴化教育的斗争取得胜利的重大标志。北伐战争胜利进军期间，所有作为帝国主义侵略工具的全国教会学校也都处在朝不保夕和摇摇欲坠的状态。1926 年北伐军所到之处，一些教会学校关闭，洋教师回国。第一次国内革命战争失败后，在国民党政府的反动统治下，教会势力又复活和嚣张起来，直到 1949 年中华人民共和国成立以后，中国人民才赢得反教会学校奴化教育斗争的彻底胜利。

赤裸裸的殖民教育及其败亡

　　除了欧美帝国主义分子在中国各地大办教会学校外，日本帝国主义从 20 世纪初叶开始也在中国大力开办学校，进行文化侵略活动。1904～1905 年日俄战争以前，日本对中国的文化教育侵略主要是通过根据日本学制设立的中国公立学校、吸引留学生、派遣日本教师在中国学校任教、编写学校教学用书等方式进行。1905 年日本从沙皇俄国手中取得中国南满的特权后，就积极在南满各地开设学堂，1915 年占领青岛及胶济铁路沿线后，又在这些地方推行其奴化教育，并积极策划对中国文化教育进行全面的侵略。1918 年日本众议院通过的《关于支那人教育设施案》就是其对中国进行全面文化教育侵略的纲领。日本在其所侵占的中国领土上施行的教育完全是一种赤裸裸的殖民教育，其目的就是要使中国人民成为日本的顺民，安于被统治被奴役的地位，而不能有任何反抗的意识和能力。所以学校课程特别重视日文、日语，而没有中国历史与地理，学校中的一切活动都是要儿童模仿日本的风俗习惯，使儿童只知有所谓的"大日本"、大清帝国，而不知有中华民国。日本人在中国领土上开办的学校有两类：一类是专为日本儿童办的"日本人学校"，它包括了从小学到专科以上学校的完整体系，其目的是为了培养日本帝国主义的侵华人才和对中国进行殖民统治的人才；另一类是殖民教育学校，其目的是驯化中国儿童，培养汉奸买办，训练奴才顺民。据第一次国内革命战争时期的调查，日本在南满开办的这两类学校计有484所，教员2529人，学生68913人。到1931年九一八事变时，日本在我国东北各地所办的各级各类学校达899所之多，此外还经营图书馆27所、博物馆2所、满洲体育协会5所。在山东省的青岛和胶济铁路沿线，从1915年起也陆续开办了这两类学校，所谓"日本人的学校"有23所，学生4446人；"教育"中国儿童的学校有43所，学生3747人。

　　日本帝国主义在东北和山东的残暴统治和精神虐杀激起了东北人民的强烈愤慨和反抗斗争，在关内进行非基督教运动和收回教育权运动的同时，东北爱国人民也开始了反对日本侵略者殖民教育的斗争。1923年，奉天省教育厅长谢荫昌提议："凡无中华民国国籍者，不得在奉省政权所及之地域，对于奉省人民施行师范教育及小学教育。"他的提议得到奉天省教育会的赞同，奉天省教育会还主张将日本人办理的学校收回自办，1924年4月发起组织了"收回教育权运动委员会"，展开反对日本侵略者殖民教育的收回教育权运动。它一面调查日本殖民教育的实际情况，一面禁止学生进入日本学校学习，自办学校。它还发表宣言，深刻揭露了日本文化教育侵略的罪行和危害性，指出文化教育侵略是日本帝国主义侵华罪行中最恶毒的一面。奉天省收回教育权运动委员会的成立及其宣言的发表，立刻得到当时爱国进步力量的支持，中国共产党机关刊物《向导周报》和《中国青年》、国民党的

《民国日报》、进步刊物《教育杂志》和《中华教育界》等群起响应，陆续发表了关于反对日本侵略者殖民教育的报道和论文，给东北人民以有力的声援。在全国人民的支持下，东北人民反殖民教育的斗争曾坚持了一个较长的时间。到 1925 年 9 月奉天省收回教育权运动委员会举行常年大会，提出了取缔日本侵略者殖民教育和解散教会小学的办法 5 条。这在日本帝国主义的殖民统治下是根本不可能实现的。尽管如此，东北人民的斗争与 1925 年五卅反帝爱国运动中全国各地展开的反教会教育的斗争还是汇合成一股波澜壮阔的革命洪流。

在 1931 年至 1945 年长达 15 年的时间里，日本帝国主义的铁蹄所到之处，对我国文化教育事业进行疯狂的摧残，对我国的学校、报馆、图书馆、博物馆等文化教育机关施行狂轰滥炸或大肆掠夺和毁坏。1932 年 3 月至 7 月，日寇在东北焚烧我国书籍 650 余万册；1937 年 7 月至 1938 年 8 月，沦陷区 85% 的高等院校、44% 的小学和幼稚园遭到破坏，50% 的中等学校学生不能上学；此外还有 2118 所图书馆、835 所民众教育馆、42 所博物馆和 54 所古物保存所受到破坏。1937 年至 1945 年，全国被日寇毁坏或劫夺的古代文物达 36 万多件，其中最著名的是江苏吴兴嘉善堂的《永乐大典》残本。日本帝国主义的所有这些罪恶行径就是要毁灭我国民族文化，为其推行殖民地奴化教育创造条件。日本帝国主义在毁灭我国民族文化的同时，大量地向沦陷区倾销宣传奴化思想和日本文化的出版物。

在伪满统治时期向东北倾销的各种报纸、杂志和图书到1941年达到3440万册，几乎是东北人手一册，妄图以日本文化代替我国民族文化，泯灭我国人民的民族意识。日本帝国主义对我国长达15年的侵略使我国民族文化和教育事业蒙受空前的浩劫。

日本帝国主义还通过其扶植的我国民族败类所建立的伪政权在其占领区内推行殖民地奴化教育。这些伪政权主要有1932年3月在长春建立的以溥仪为首的伪满洲国，1937年12月14日在北平建立的以王克敏为首的"临时政府"，1938年3月在南京建立的以梁鸿志为首的"维新政府"和1940年3月在南京建立的统一各伪政权的以汪精卫为代表的伪"国民政府"，等等。这些汉奸卖国政府卖身投靠其日本帝国主义主子，对沦陷区人民实行法西斯统治，竭力推行以愚民为核心的殖民主义教育，不仅制定了一条旨在消灭中国人民的民族意识和革命思想的教育方针，而且建立了一套培养汉奸、走狗和顺民的殖民主义教育制度和机构。1932年日伪政权建立伊始，就宣布教育之普及"则当惟礼教之是崇，实行王道主义；必使境内一切民族熙熙皞皞，如登春台。保东亚永久之光荣……"接着便确立了一条典型的所谓"重仁义礼让，发扬王道主义，对于人民生活方面力谋独立安全，友谊方面崇尚自重节义；而对于世界民族，以亲仁善邻共存共荣，以达于大同为宗旨"的殖民主义教育方针，以后又不断充实和修改以便更符合其日本帝国主义主子的意旨。1938年5月"临时政府"教育部制定的教育方针内容包括：（1）根绝党化及排外容共思想；（2）依据东亚民族集团的精神，发扬中国传统的美德，以完成新中国的使命。这一教育方针与日寇在相持阶段"宣传教育"的基本方针是完全相同的。

各伪政权的教育行政机构在日寇陆军特务部及"兴亚院"的指挥下充当敌人的工具，对自己的同胞实行奴化教育。1937年5月，伪满州国公布了一个殖民地奴化教育的所谓"新学制"，完全废除了原来的"六三三"制，施行所谓"实务"的教育制度，并从1938年起正式实行。这个所谓的"新学制"就成了各伪政权推行殖民地奴化教育的基础。"新学制"明显的目的在于全面降低中国人民的文化水准，它所谓的高等院校已无大学水平，尽管如此，还大力限制中学生进入高等学校，而且在课程设置中尽量减少文化课。如伪满洲国的中学课程将历史和地理合为所谓的"地历"课，将物理、化学、生物合为理科，将代数、几何、三角等合为数学，而且所占课时都很少。"新学制"更重要的目的在于宣传日本文化，消灭我国民族文化和我国人民的民族意识，给中国学生灌输奴化思想。各伪政权都规定日语为各级各类学校学生的必修课，而且所占课时很多，在伪满洲国，日语甚至被称为"国语"。各级各类学校使用的教科书都必须服从于奴化教育的宗旨，伪满洲国的教科书用非中非日的所谓"协和语"编写，企图逐步篡文改字消灭中国的语言文字。而且地理、历史教科书还颠倒是非，捏造历史毒害儿童；从1938年起，伪临时政府、维新政府教育部及上海市教育局先后设立编审委员会，专门修订编辑和审查中小学教科书及其他教育书籍，将原用教科书中的一切具有爱国主义思想的内容一律删除，充满了"中日共存共荣"、"建立东亚新秩序"等服务于帝国主义侵略的思想。

面对日本帝国主义的殖民奴化教育，中国人民进行了不屈不挠的斗争。1931年九一八事变后，教育界的抗日斗争亦如燎原烈火，在东北各地熊熊燃烧，尤其是教育界广大爱国师生在中国共产党领导下进行的反对日本帝国主义殖民主义教育政策的斗争广泛而持久地进行着，它是党领导东北人民抗日救国运动的重要组成部分。原齐齐哈尔省立第一师范学校校长王宾章接受党组织的建议，出任伪教育厅长，以公开的身份掩护爱国人士，从中进行抗日救国的宣传教育活动。他经常对文教界的爱国人士说："人心不死，国家不亡，抗日政策在本省现在宜以注重青年思想教育，不忘祖国，仇恨日寇为上。"1935年秋，他还以苍劲的汉隶书写了一幅"千里江山收眼底，万家忧乐上心头"的楹联，悬挂在龙沙公园的望江楼上。在中国共产党的领导、教育和影响下，一些爱国的教育工作者先后组织起抗日救国的群众性组织，开展革命的宣传教育工作。早在1929年底，辽宁省的爱国人士阎宝航、车向忱等发起了国民常识促进会，以"唤起民众反日救国"为宗旨，以"唤醒一个是一个，唤醒一人是一人"为口号，其会员大多是东北大学、师范学校的教职员和学生。东北沦陷后，教育界爱国人士又在北平成立了东北民众抗日救国总会，积极开展抗日救国的宣传教育活动，以后又成立了许多抗日救国的群众性组织。

广大的爱国教育工作者还通过教育这块阵地采取各种形式同日伪推行的殖民主义教育展开了斗争，坚持向学生进行抗日救国的革命思想教育。有些爱国的教师利用"合法"的教学机会，通过讲述现实社会中的黑暗和日寇对中国人民进行残酷镇压和屠杀的事实来揭露日伪高唱"王道乐土"、"五族协和"、"共和共存"的虚伪性和欺骗性，向学生讲述在血雨腥风的年代里，造成劳动人民妻离子散、家破人亡和民不聊生的罪魁祸首完全是日本侵略者。还有些爱国教师巧妙地利用日伪现行的教材，以"合法"的讲授来启发学生的民族意识，如在讲授岳飞和文天祥时，都特别加重讲解他们的民族气节，以此激发青年学生的爱国热忱。更有一些爱国的教育工作者在日伪宪警特务的严密监视下，在极其艰难的条件下，仍然坚持抗日救国的革命教育。在上述爱国教育工作者言传身教的影响下，东北青年学生纷纷走上了革命道路，许多青年脱下学生装，参加抗日部队，与抗日战士一起直接对日作战。还有很多青年参加了中国共产党和共青团，同日伪统治者进行英勇的斗争，东北爱国教育工作者、教师和学生的反殖民主义奴化教育的斗争有力地配合了整个东北和全国的抗战。

日伪在其他沦陷区的奴化教育同样受到广大人民和爱国师生的抵制和反抗。他们有的宁肯失业失学也不去日伪学校教书或学习；有的教师宁肯少拿薪金也去私立学校或英美教会学校，而不受日伪高薪诱惑，拒绝去伪公立学校任教；有的家长宁肯花钱送子弟去私立学校也不送子弟去免费的伪公立学校。广大师生利用各种不同形式与日伪进行斗争，例如警告和惩戒那些在学校中横行霸道的日籍教员和汉奸校长等，或是拒绝穿着伪市政府规定的制服，不参加日寇庆祝战绩的游行活动等，有时更大义凛然毫不畏惧地进行面对面的斗争。如有一次日寇宣抚班派人到济南一个小学讲"倒蒋反共"，当宣抚班讲完话后问："小朋友，你们长大后做什么呢？"小学生们马上响亮的回答："打倒日本帝国主义！"敌占区爱国师生的反奴化教育斗争，不仅始终得到广大人民群众的同情、支持和掩护，而且也始终有中国共产党的领导和帮助。

随着中国人民抗日战争的伟大胜利，日本帝国主义及其伪政权的奴化教育也随之在中国土地上被清除干净。

八 中国共产党的新民主主义教育

 新民主主义教育的萌芽与党在第一次国内革命战争时期的教育

五四时期随着西方各种教育思潮纷至沓来，早期马克思主义者在传播马克思主义思想的时候，自然而然地也传播了马克思主义的教育思想，开始用马克思主义的观点、立场和方法重新思考中国的教育问题。李大钊、毛泽东、蔡和森和邓中夏等人就初步介绍了马克思主义有关教育的一些基本观点，如：教育是决定于经济基础的上层建筑，要建立新的教育制度，就必须首先改造旧的社会经济结构；广大的劳动者必须有接受教育的权利和机会；知识分子必须走与工农大众相结合的道路。这些马克思主义教育观的介绍为新民主主义教育的出现提供了思想条件。中国新民主主义教育发端于早期马克思主义者的教育实践活动。1919 年 3 月以邓中夏为首发起组织了北京大学教育讲演团，后来内部发生分化，但以邓中夏为首的共产主义知识分子始终坚持教育与工农群众相结合的方向。在他的主持下，1921 年 1 月 1 日，北京共产主义小组为了对工人进行马克思主义思想教育和文化补习教育，在铁路工人比较集中的长辛店创办了劳动补习学校。该校分日夜两班，日班教工人子弟，夜班教工人。工人从识字开始，学国文、常识，常识包括自然常识、社会常识和铁路常识等。起初没有课本，上课内容就写在黑板上，以后有自编的油印课本，教员常常结合工人的文化学习，对他们进行革命的思想教育。这所传播革命思想的工人学校，是中国教育史上第一所工人阶级自己的学校，在中国现代教育史上占有极为重要的地位。1920 年 5 月到 9 月，各地共产主义小组相继成立。各地共产主义小组为了提高工人阶级的政治觉悟和文化水平，都办了工人学校或夜校，如上海共产主义小组在沪西小沙渡办的工人学校、湖南小组在长沙办的工人夜校和广州小组办的工人学校等都属于这类性质的学校。早期马克思主义者通过创办工人学校的方式，用马克思主义指导中国工人运动，这些学校虽然主要是对工人阶级进行革命宣传和组织工作，但也使工人阶级得到初步的知识化。因此，工人学校的相继成立标志着用共产主义思想进行的新民主主义教育由此起步。

新民主主义教育纲领是随着中国共产党的成立及其新民主主义革命纲领的制定而逐步提出的。1921 年 7 月，中国共产党召开第一次全国代表大会，确定了建党原则，宣告了党的正式成立。大会决议在教育方面明确指出："党应向工会灌输阶级斗争精神"，要求设立"劳工补习学校"、"劳动组织讲习所"等，在工人阶级中开展宣传教育活动。但是，中共"一大"还没有提出具体的新民主主义教育纲领。1922年5月，中国社会主义青年团在党的领导下召开了第一次全国代表大会，这次大会明确提出了关于社会教育、政治教育和学校教育三个方面的要求，反映了党的新民主主义教育纲领的精神实质。因此，这次大会讨论通过的《关于教育运动的决议案》实际上就是党的新民主主义教育纲领的前身。6月，中国共产党中央执行委员会发表《中国共产党对于时局的主张》，提出了"实行强迫义务教育"的行动纲领。7月，中国共产党召开了第二次全国代表大会，大会制定了党的最高纲领和最低纲领。在教育方面规定："废除一切束缚女子的法律，女子在政治上、经济上、社会上、教育上一律享受平等权利。""改良教育制度，实行教育普及。"这些规定是中国共产党人为提高工人阶级和农民阶级的文化水平而奋斗的行动纲领，是反帝反封建的新民主主义革命纲领的重要组成部分。1923年6月，中国共产党第三次全国代表大会决定和孙中山领导的国民党进行合作，建立广泛的革命统一战线，以推翻北洋军阀的黑暗统治。1924年1月，在中国共产党的帮助下，中国国民党在广州召开第一次全国代表大会，大会发表的宣言在教育方面提出："于法律上、经济上、教育上、社会上确认男女平等之原则，助女权之发展。""励行教育普及以全力发展儿童本位之教育，整理学制系统，增高教育经费，并保障其独立。"这些教育政策是以反帝反封建的新民主主义思想为指导的，是与中国共产党新民主主义的教育纲领一致的，这些教育政策指导着第一次国内革命战争时期国共两党的革命教育实践。在两党努力合作下，各地的工人教育运动和农民教育运动如火如荼地开展起来。

1924 年国共合作以后，以国民党的名义在上海的杨树浦、小沙渡、吴淞、浦东等处兴办了工人补习学校，成立了一些工人团体。在武汉、湖南、济南、广东等地也都兴办了工人补习学校，其中最有计划、最能反映当时工人教育发展实际的是湖南省工团联合会办的工人学校。1925 年，在党的领导下第二次全国劳动大会在广州胜利召开，大会通过的《工人教育决议案》为工人教育的进一步开展指明了方向。自此以后，工人教育在全国各地更加广泛地开展起来，各级工会都设有宣传、教育两部，领导工人教育运动，各地工人学校大批涌现，如苏兆征、邓中夏等在广东领导省港大罢工，创办了工人教育学校达 52 所，而湖北省总工会所设教育局就办了 70 多所工人学校。

中国共产党在领导轰轰烈烈的工人教育运动的同时，也把领导农民、教育农民作为一项重要任务。广大的党员干部深入农村发动群众，从教育入手，建立农会，开展革命斗争。广东是农民教育开展最早的地区，还在 1922 年到 1923 年间，彭湃就领导海丰的农民进行了减租减息的斗争，在斗争中组织了海丰农民总会。农民总会专设教育部，创办了农民学校。湖南也是开展农民教育较早并获得发展的地区，1922 年成立的长沙"农民补习教育社"就在长沙乡村办了 17 所农村补习学校。1924 年，毛泽东、杨开慧等在韶山地区发动农民在 20 多个乡村建立农民协会，办起了农民学校。1925～1926 年，许多省都召开了农民代表大会，通过了农民教育的决议案，特别是广东、湖南两省农民代表大会的《农村教育决议案》具有重大的指导作用，成为全国农民教育运动的具体纲领。各地农民教育随之迅速发展起来。据 1926 年 11 月份的统计，湖南全省乡农民协会有 6867 个，这时的夜校也有 6000 多个。

工农运动的开展需要大批的革命青年和干部。因此，中国共产党也开始注意创办革命学校以教育青年和培养革命干部。这一时期党所创办的革命学校主要有湖南自修大学、湘江学校、平民女学、上海大学、农民运动讲习所、劳动学院等，此外还有国共合作创办的黄埔军校。

湖南自修大学是毛泽东于 1921 年 8 月利用船山学社的经费和社址创办的一所培养革命干部的学校。课堂教学始终贯穿着马克思主义思想教育，课外读物也是指定的一些进步刊物如《向导周报》、《中国青年》等。因此，自修大学在全国各地引起相当普遍的反响，受到进步报刊的欢迎和赞扬，然而却为反动势力所不容，1923 年 11 月被湖南军阀赵恒惕强行封闭。中国共产党对此早有准备，湖南省委筹办的湘江学校差不多与此同时成立，原自修大学的 200 多名学生大部分转到了这所学校，该校分设中学和农村师范两部，继承自修大学的传统，宣传革命理论。至 1927 年 3 月，湘江学校完成了它的历史使命，自动停办。

平民女学是 1921 年 10 月在上海由中国共产党人创办的一所培养妇女革命干部的学校，学生大部分是在新思想影响下冲破封建家庭束缚或被反动学校开除的进步青年妇女，她们实行半工半读，将理论学习和现实斗争相结合。1922 年冬平民女学结束。

1922 年春在党的领导下东南高等师范专科学校在上海成立，10 月改名为上海大学。上海大学的创办目的是要培养社会科学和新文艺两方面的革命人才，课程设置紧紧围绕这一办学目的。教学采取教师讲课与学生自学相结合的方法，在对学生进行革命理论教育的同时，还积极鼓励学生投身到现实的革命斗争。在反帝大潮和反对北洋军阀的北伐战争中，上海大学的学生们站在革命斗争的最前列。它还在上海各区开办工人夜校，积极开展工人的普及教育，因此上海大学在当时具有广泛的革命影响，屡遭帝国主义和反动势力的破坏，1927 年 5 月 2 日被蒋介石反动政权查封。

农民运动讲习所是第一次国内革命战争时期党创办的培养农民干部的学校，也是全国农民运动研究工作的核心。农讲所创始于 1924 年 7 月，当时称广州农民运动讲习所。于 1924 年至 1925 年间培养的第一届至第五届学生主要是广东省的农民运动干部。从 1926 年 5 月起的第六届扩大为培养全国农民运动干部。1927 年 1 月随着北伐战争的胜利，广州国民政府迁往武汉，在毛泽东倡议下，将湘鄂赣三省农讲所扩大为中央农民运动讲习所，招收学员 700 多人，于 1927 年 3 月开学，同年 6 月首批学员毕业。这时由于蒋介石已公开叛变革命，原定继续举办的农政训练班停办，学员撤离武汉，参加了八一南昌起义。

劳动学校是 1926 年 6 月中华全国总工会省港罢工委员会为广东、省港各工会开设的培养工人运动干部的学校，它是我国第一所工人大学。其学员大多来自各行各业的工会干部、党团员及其他省市的工人骨干分子。他们的必修科目都是为解决工人运动中遇到的理论和实际问题而开设的，除上课外，学员们还要组织起来总结工人运动的经验。劳动学院提倡学生自治，十分注意军事训练，从 1926 年至 1927 年共招收了 3 期学员，第 3 期开办不久就因广州发生反革命大屠杀而停办。

早期黄埔军校是国共合作后在中国共产党人的倡议和支持下，得到苏联的帮助，由国民党第一次全国代表大会决定建立的一所培养革命军事干部的学校。1924 年 5 月创办时的全名为中国国民党陆军军官学校，1926 年 3 月改名为中国国民党中央军事政治学校。中国共产党人在黄埔军校中发挥了重要作用。1924 年秋周恩来担任军校政治部主任，1925 年又兼任军法处处长，后又兼任国民革命军东征总政治部主任。1926 年 1 月以后，军校政治部主任由共产党员熊雄担任，叶剑英担任教授部副主任，恽代英、张秋人、萧楚女、聂荣臻等先后分别担任了军校的各种领导工作，中国共产党还从全国各地选派了不少共产党员和共青团员到军校学习，形成了革命的骨干。以周恩来为首的共产党人成立了"中共黄埔特别支部"作为军校开展活动的领导核心，共产党员周逸群、李劳工等组织了"火星社"作为团结同学和进步力量的组织，蒋先云、周逸群、王一飞、徐向前等人还成立了"中国革命青年军人联合会"，并创办了《中国军人》等进步刊物，宣传革命思想。黄埔军校从1924年5月正式创立到1927年4月蒋介石叛变革命为止，共办5期，毕业学员近7000人，为中国革命培养了一大批军事、政治人才，四一二蒋介石叛变革命后，血洗了黄埔军校，残害共产党人，第5期以后的黄埔军校已经成为为反革命服务的军事学校了。

中国共产党早期创办的一系列干部学校及国共合作创办的早期黄埔军校，是中国近现代教育史上首次出现的新型人民学校。这些学校重视劳动锻炼，强调体力劳动与脑力劳动的结合；重视教学内容的理论性与革命性，坚持理论与现实斗争相结合；重视学生自学，培养学生独立思考、独立工作和独立参加实际斗争的能力。因此，这些学校是我国利用马克思主义理论与实际统一的原则指导教育教学工作的开始，它们不仅培养了许多优秀的革命干部，促进了工农革命运动的开展，而且为我们今天的教育教学改革提供了宝贵的经验。

 **党在第二次国内革命
战争时期的教育**

1927年4月，以蒋介石为代表的国民党反动派发动了反革命政变，将轰轰烈烈的第一次国内革命淹没于血泊之中。为了挽救中国革命，中国共产党人领导了多次武装起义，逐步开辟了一系列革命根据地和各级苏维埃政权，开创了工农武装割据的新局面。革命根据地简称苏区。苏区的首要任务就是动员千百万人民群众投入革命战争，因此，为了提高广大人民群众的文化素质和阶级觉悟，增强中国工农红军的战斗力量，巩固和发展新生的革命政权，苏区在文化教育方面确立了教育为工农大众服务、为革命战争服务、为建立和巩固新的红色政权服务的宗旨，并制定了相应的教育方针政策。1931 年 11 月各苏区的统一中央政权——中华苏维埃共和国中央工农民主政府宣告成立。成立大会宣言指出："工农劳苦群众，不论男子和女子，在社会、经济、政治和教育上，完全享有同等的权利和义务。""一切工农劳苦群众及其子弟，有享受国家免费教育之权。教育事业之权归苏维埃掌管。""取消一切麻醉人民的封建的宗教的和国民党三民主义的教育。"大会通过的《宪法大纲》规定："中国苏维埃政权以保证工农劳苦民众有受教育的权利为目的。在进行国内革命战争所能做到的范围内，应开始施行完全免费的普及教育，首先应在青年劳动群众中施行并保障青年劳动群众的一切权利，积极地引导他们参加政治和文化的革命生活，以发展新社会力量。"这就指出了苏区教育的任务和发展方向，这种方向毛泽东同志于 1934 年 1 月在《第二次苏维埃代表大会的报告》中表述得更为明确，也就是"为着革命战争的胜利，为着苏维埃政权的巩固和发展，为着动员一切民众力量，加入伟大的革命斗争，为着创造革命的新时代"。毛泽东还在报告中提出了苏维埃文化教育的总方针和中心任务。苏维埃文化教育的总方针，"在于以共产主义的精神来教育广大的劳苦民众，在于使文化教育为革命战争与阶级斗争服务，在于使教育与劳动联系起来，在于使广大中国民众都成为享受文明幸福的人"。苏维埃文化教育的中心任务是"厉行全部的义务教育，是发展广泛的社会教育，是努力扫除文盲，是创造大批领导斗争的高级干部"。毛泽东提出的苏维埃文化教育的总方针和中心任务具有科学的、大众的和革命的基本内容，是我党最初较明确地表述的新民主主义教育方针，对于第二次国内革命战争时期的苏区教育具有根本性的指导意义。

第二次国内革命战争时期的苏区教育发轫于工农红军中对士兵的教育，以后逐渐发展起各级各类教育。在各级各类教育的发展过程中，最发达的是干部教育，这包括红军干部教育和党政干部教育。

为了适应战争的需要，必须大量扩军，扩军就需要大量的红军干部，因此苏区创办学校必须先办培养军事干部的学校，最初所办的军事学校多属随军性质的教导队或训练班，1927 年 11 月毛泽东在宁冈砻市龙江书院创办了第一个红军军官教导队。1929 年 4 月他又在兴国潋江书院的崇圣祠举办土地革命干部训练班。1931 年建都瑞金以后，才建立了许多固定的军事学校和后勤学校，如在中央设有中国工农红军大学、工农红军彭杨步兵学校、工农红军公略步兵学校、工农红军特科学校、游击队干部学校、无线电学校、中央红色护士学校、中央红色医务学校等。在地方，各苏区也办了一大批固定的具有一定规模的军事干部学校，如闽西根据地的红军军官第一分校、红军军政第三分校、赣西南根据地的红军六分校、湘赣根据地的红军四分校、闽浙赣根据地的红军五分校等。所有这些学校中以红军大学的规模最大。红军大学是由红军学校发展来的，1933年11月原红军学校与苏维埃大学军事政治部合并成立了苏区的最高军事学府，原名为工农红军郝西史大学校，学校培养对象是营团以上的军事政治干部，学校设指挥科、政治科和参谋科3科，教导队、高射队和测绘队3个大队及1个培养军以上干部的高级班。学校的学习内容有政治、军事和工作方法等，教学中贯彻"理论与实践并重，前方与后方结合"的原则，学员除军事演习外，还要到前线参加指挥工作，然后回校总结参加战斗的体会和经验。1934年红军大学与其他学校一起组成干部团参加长征，后来发展成为抗日军政大学。中国共产党对中国工农红军全军官兵的教育包括政治、军事和文化三方面的内容，其中政治教育居于首要的地位，政治教育的内容是政治形势和党的路线的教育、锻炼思想意识和提高阶级觉悟的教育、民主政治生活的教育、军民关系的教育和政治知识的教育；军事教育的内容主要是游击战和运动战的基本原则，要求掌握"敌进我退，敌驻我扰，敌疲我打，敌退我追"16字诀的精神实质和

"分兵以发动群众，集中以应付敌人"的红军灵活作战的指挥艺术；文化教育的主要任务是扫除文盲，红军每个纵队都设中青年士兵学校，每校分3至4个班，官兵们互教互学。

建军是苏区首要的问题，但建党建政同样迫切。为着培养苏区经济建设、政治建设和文化建设的干部，各级苏维埃政权都创办了一系列党政干部学校，在中央有苏维埃大学、马克思共产主义大学、中央农业学校、中央教育干部学校、中央列宁师范学校、高尔基戏剧学校等。在地方，一些苏区也建立了党政干部学校，如湘赣省委党校、湘鄂赣省委党校、闽浙赣省共产主义学校等。苏维埃政权特别重视师范教育和职业教育，中央除设立中央列宁师范学校外，还设立了闽瑞师范学校。1934年以后中央教育人民委员部把培养教育工作干部和师资的学校分为四类：高级师范学校、初级师范学校、短期师范学校和小学教员训练班，规定各级师范学校全体工作人员和学生都加入赤卫队进行经常的军事训练，各级师范学校和小学教员训练班都成立"学生公社"，管理学生日常生活和进行社会工作。关于职业教育，1934年中央教育人民委员部制定了短期职业中学试办章程，其中规定："职业中学以完成青年的义务教育，使能了解马克思列宁主义的最低限度常识及实际的生产劳动之一种为任务。"短期职业中学的课程分为社会科学、自然科学、某种技术及文字课目4项。为了适应生产技术实习的需要，还规定农业中学要靠近农村或红军公田或便利实习处，如棉业中学要靠近棉田，纺织中学要靠近机织工厂等。

苏区干部教育的发达还表现在党对在职干部教育的重视。1933 年 8 月中央组织局曾发出"关于党内教育计划致各级党部的信"，在信中指示各省县党委要在省县各党部、同级苏维埃政府、工会及其他革命团体内成立马克思主义研究分会，受中央马克思主义研究总会的指导，进行系统的马克思列宁主义的研究，讨论中国革命的基本问题，要求参加研究分会的同志，每星期上课 1 次，每两月学完 1 种科目，每 6 个月为 1 周期，学完 3 种科目。信中还指示各省县党委和支部均应举办训练班，对党员进行短期的训练，省委训练班主要训练对象是县一级干部、省巡视员、县委训练班教员和区一级主要干部，训练时间为 4 星期，上课 24 小时，自修 120 小时；县委训练班主要训练对象是区委干部、支部流动训练班教员、主要支部书记等，训练时间为 3 星期，上课 108 小时；支部流动训练班主要利用党员的闲暇时间进行学习。

由于革命形势的发展和生产建设的需要，党和各级苏维埃政权还开展各种形式的社会教育。为了满足广大人民群众识字、读书、听政治消息的要求，各苏区成立了多种多样的文化教育组织，主要有夜校、半日学校、补习学校、识字班和识字组等。为了发动人民群众自己迅速起来消灭文盲，各苏区还有"消灭文盲协会"的组织，协会的工作就是动员不识字的人一律加入补习学校或识字组，组织宣传队，宣传消灭文盲的意义。苏区各级政权省、县、区、乡、村都有

"协会"组织，村协会之下成立若干"消灭文盲小组"，每个小组同时就是一个识字班或夜学或半日学校。由于协会的积极努力，各苏区的群众教育得到迅速发展，1932年江西省胜利、会昌等14县就有夜学3298所，学员52292人，识字组19812个，组员87916人；1934年1月江西、福建、粤赣3省有补习夜校6462所，学员94517人，识字组32388个，组员155371人。其中以兴国县为最多，全县夜学学员达15740人，识字小组3387个，组员22529人。

俱乐部是当时苏区进行社会教育的普及性组织，每一级政府机关、每一个工厂企业、每一个地方工会和每一个合作社都成立有俱乐部，俱乐部下依伙食单位或村庄成立列宁室。红军部队中也设有俱乐部，以师为单位成立俱乐部，以连为单位成立列宁室。俱乐部组织各项游艺活动和各项文化工作，如出墙报、演剧、唱歌、组织演讲会等。这些活动对于广大人民群众进行"自我教育"，对于提高他们的文化水平，启发他们的政治觉悟具有潜移默化的作用。此外，赤卫队和少年先锋队是苏区对广大青少年进行军事教育的一种社会教育组织，24至25岁的青年参加赤卫队，16至23岁的则参加少年先锋队。赤卫队和少年先锋队平时肩负着镇压反革命、保卫乡政权的任务，战时配合红军作战，对赤卫队员和少年先锋队员来说，练武、生产和学习经常是结合在一起的，他们随时准备战斗，随时参加生产，随时进行文化和政治学习。

为了培养革命的后代，党和苏维埃政府注意发展小学教育。苏区小学在 1934 年 2 月以前称劳动小学，这以后一律改称列宁小学。苏区工农群众由于在政治上和经济上翻了身，创办小学的热情很高，他们克服了师资缺乏和战争环境里物资供应紧张的困难，在各个村庄都设立了列宁小学，大村单独设校，小村联合办理，使学龄儿童都能免费入学。1932 年江西省胜利、会昌等 14 县就有列宁小学 2777 所，小学生 82342 人；1934 年江西、福建、粤赣 3 省 2932 乡就有列宁小学 3052 所，学生 89710 人。学龄儿童多数进入了列宁小学，如兴国县学龄儿童 20969 人，入学的有 12806 人，学龄儿童入学率达 61% 强，而在国民党统治区儿童入学率还不到 10%，即使是号称教育发达的江苏省，1930 年的儿童入学率也不过是 13%。苏区小学的任务是训练参加苏维埃革命斗争的新后代，并在苏维埃革命斗争中训练未来的共产主义建设者。苏区小学的办学原则是坚持教育与政治斗争联系起来，坚持教育与生产劳动联系起来，坚持教育要发展儿童的创造性。列宁小学修业年限为 5 年，前 3 年为初级列宁小学，后 2 年称高级列宁小学。能集中上课的圩场、城市和大村庄用单式编制；人口分散的乡村，各年级学生都不满 1 班时，用复式编制。初级列宁小学开设国语、算术和游艺，高级列宁小学开设国语、社会常识、科学常识、算术和游艺等课程。初级小学的国语课内容包括乡土地理、革命历史、自然常识和政治常识等。因此苏区的儿童教育完全不同于国统区禁锢儿童身心的初等教育，而是充分发展儿童身心健康，使儿童德、智、体、美、劳全面和谐发展的新型儿童教育。

苏区在各级各类教育中始终贯彻苏维埃文化教育的总方针和围绕着苏维埃文化教育的中心任务。但是苏区教育在发展过程中也曾受到来自中国共产党内"左"倾教条主义的干扰。在文化教育方面，"左"倾教条主义不顾苏区的实际社会状况，认为苏维埃教育政策的基本原则应当是共产主义教育，应当为实现共产主义社会而斗争；认为苏维埃政府应该实施直到 17 岁的完全免费的义务教育，应该建立正规化的学校，统一学制和课程；认为对于参加教育工作的旧知识分子应当实行监督。"左"倾教条主义在教育方面的主张使苏区教育受到很大影响，特别是对知识分子的过左政策使师资本来就很缺乏的苏区更加困难了。为了使苏区教育得到正常发展，毛泽东等同志对"左"倾教条主义作了坚决的抵制和斗争，他在第二次全国苏维埃代表大会的报告中就指出："为了造就革命的知识分子，为了发展文化教育，利用地主资产阶级出身的知识分子为苏维埃服务，这是苏维埃文化政策中不能忽视的一点。"苏区教育也曾受到过右倾机会主义的影响，对工农子弟采取关门政策，录取学生不照顾工农子弟等情况在苏区时有发生，在教育方面的右倾机会主义立刻受到了批判，并迅速得到纠正。

苏区教育是在极其艰苦的条件下进行的，没有校舍和桌凳，就利用祠堂和庙宇做校舍，用香案做课桌和板凳；没有纸张和粉笔，就用沙盘和树枝代替，有的甚至用指头作笔，以大地为纸；没有老师，则能者为师，互教互学。在如此艰苦的条件下，苏区各级各类教育仍能得到迅速发展，充分说明了苏维埃文化教育总方针和中心任务的正确性。

 3 党在抗日战争时期的教育

抗日战争时期，中国共产党制定的教育路线、方针和政策，主要是实行抗战教育政策，提倡国防教育，在文化教育工作中实行统一战线的方针，遵行教育和生产劳动相联系的方针。抗日根据地的各项教育政策是从"一切为着前线，一切为着打倒日本侵略者和解放中国人民"这个总方针出发的。1937年5月，毛泽东在延安召集的中国共产党全国代表会议上指出：中国的救亡抗战必须用跑步的速度去准备，政治上、军事上、经济上和教育上的国防准备都是抗战救亡的必需条件，都是不可有一刻延缓的。抗日战争爆发后，1937年8月，他又在给中共中央宣传部门写的"为动员一切力量争取抗战胜利而斗争"的宣传鼓动提纲中提出了彻底战胜日本帝国主义的十大救国纲领，其中第8项规定抗日的教育政策，指出应该"改变教育的旧制度、旧课程，实行以抗日救国为目标的新制度、新课程"。抗日根据地各级各类教育在抗战8年期间一贯地坚决地执行了这一教育政策。

抗日战争时期，中国共产党总结了第二次国内革命战争时期的斗争经验，创建了抗日根据地，坚持敌后抗日斗争，抗日根据地的教育是从干部教育发轫，以后扩展为群众教育的。要壮大抗日力量，巩固和发展抗日根据地，必须有大批的干部，毛泽东同志指出："指导伟大的革命，要有伟大的党，要有许多最好的干部。"因此，抗日根据地教育中"干部教育第一"是抗日战争总形势所要求的。这样，干部教育就成为抗日根据地教育的重心。1940年12月25日毛泽东在《论政策》一文中指示"每个根据地都要尽可能地开办大规模的干部学校，越大越多越好"。各抗日根据地遵照这一指示，大力开办各种干部教育，各级各类干部学校和在职干部补习学校如雨后春笋般发展起来。陕甘宁边区是党中央所在地，是抗日斗争的指挥中心，因此抗战初期培养高级干部的高等学校大都集中于陕甘宁边区的首府——延安，单是由党中央直接领导的高级干部学校就有17所，学员达数万人，其中有中共中央党校、中国人民抗日军事政治大学、陕北公学、马列学院、鲁迅艺术学院、中国女子大学、自然科学院、医科大学、延安大学、行政学院、俄文学院、民族学院、泽东青年干部学校、新文字干部学校、炮兵学校、日本工农学校、朝鲜军政学校等。此外，各抗日根据地都设有干部学校，华北抗日根据地设有抗战建国学院、华北联合大学、冀南抗战学院、太行抗战建国学院、白求恩卫生学校等；华中根据地设有华中党校、苏中公学、鲁迅艺术学院华中分院、华中建设大学等；淮北苏皖根据地设有淮北行政学院、江淮大学等。中国人民抗日军事政治大学（简称抗大）还在各抗日根据地设有12所分校。这些干部学校的课程设置是根据各校培养目标的不同而有所区别的，如抗大初期主要培训军事干部，教学计划的安排原则是七分军事、三分政治；陕北公学主要培训政治干部，教学计划的安排原则是七分政治、三分军事；而鲁迅艺术学院和延安大学则安排了较多的专业课程。干部学校课程设置的主要特点是特别重视政治思想教育课程的设置，这在抗战初期对于转变来自国统区和敌占区爱国青年的思想具有特别重要的意义，有的从自由散漫的小资产阶级知识分子转变成为纪律严明的无产阶级战士；有的从一般的爱国青年转变成为具有共产主义远大理想的坚强斗士。为了学用一致，以服务于抗日战争和根据地建设，课程设置也很重视联系实际，安排校外的各种实习活动，进行劳动生产的教育，还安排各种军事课程和军事训练。这些干部学校的学员们生活非常艰苦，在延安，他们住的是窑洞，吃的是小米饭，无论男女穿的一律是灰布军装；华北联合大学的情况则是：大树底下是课堂，农民家里腾出来的土房就是宿舍，广场就是礼堂，用被子打成背包就代替椅子，老百姓的大门板，也可以当成黑板……这些干部学校就是在如此艰苦和险恶的条件下在短期内培养了一批又一批的学员，充实了抗日战争的各条战线。

他们在各条战线上为抗日战争作出了巨大贡献，博得人民的赞誉，为日寇所切齿憎恨。日寇曾扬言："宁牺牲二十个日本人，也要换取一个抗大学生。"所有这一切表明中国共产党在抗日战争时期的干部教育是极其成功的。

抗日战争时期的中等教育，重点放在师范学校，同时也担负着培养为各根据地建设和战争所需要的地方干部的任务。中等教育的重点之所以放在师范学校，是因为敌后抗日根据地恢复各地被日寇破坏的小学、解决千百万失学儿童的学习问题，需要大批的小学教师。陕甘宁边区于1937年3月成立鲁迅师范学校。1938年国统区和敌占区的知识青年纷纷奔赴陕北就学，其中有许多年龄较小的中学生或高小学生不适于进入抗大或陕北公学等高等干部学校。边区政府为把他们培养成为边区所急需的小学教师或地方文化干部，于同年秋成立边区中学。1939年7月鲁迅师范学校和边区中学合并为陕甘宁边区第一师范学校。1940年又在关中和定边分别成立第二师范学校和第三师范学校，主要招收当地高小毕业生，为边区培训小学师资和基层文化干部。至1941年陕甘宁边区已有中学和师范学校7所、边区医药专门学校1所。1942年又设立边区职业学校。在晋察冀根据地，1940年秋季华北联合大学的师范部改为教育学院，内设教育系和中学班。1941年3月又成立中学部，设初中班和高中班。另外，晋察冀边区行政委员会为培养地方各部门所需的基层干部，1940年春冀西和晋东北的几个专区先后办起了6所中学。至抗战胜利前夕，晋察冀边区已有中学和简易师范共20余所，其他抗日根据地为了解决恢复和发展小学教育所需师资问题，也尽力恢复或创办师范学校和中学。敌后各根据地的中学多半是普通中学，师范多半是简易师范，许多师范兼办短期干训班或师范班。普通中学一般保持旧的学制，高初中各 3 年，但根据形势的变化或战争的需要，也随时让学生结业并分派工作。师范一般是修业 2 至 3 年，但各区各校或长或短也不统一。抗日根据地的普通中学之所以保持旧制，采取所谓正规化的形式，一是因为所收学生年龄较小，还不能让他们过早地走向抗战的各条战线；二是因为在群众的传统观念中，他们希望自己的子弟能接受正规教育，而在一些敌我犬牙交错的地区，敌伪和国民党政府又往往创办一些正规学校与中国共产党争夺青年。

但是，采取普通中学的形式，并不排除在旧形式下坚持用革命的内容和方法去教育青年。抗日根据地的中学既尊重了普通中学的特点，重视语文、算术等基础文化课的学习，又急抗战之所需，设置了政治、军事、群众工作及根据地政策等课程，既满足了不同阶层的家长们对子女学习文化、增加知识的要求，又注意了对学生进行战斗化、革命化的锻炼和提高生活能力、工作能力的培养。表现在教材方面，就是知识性较强的课程，如数学、物理、化学、生物和英语等，采用国民党统治区的旧课本，而一些思想性较强的课程则增添新的内容，如语文课除采用一部分国统区的旧课本外，大多是选用毛泽东著作和报纸上的论文。史地和政治课的内容主要是讲革命史与解放区的地理形势、减租减息、清算斗争和抗日的形势及任务等。因此，抗日根据地中学的所谓正规化形式是完全不同于旧型正规化的。所谓的旧型正规化就是无视抗日战争和根据地建设的需要，一味强调对学生进行文化知识的教育，一味强调教育的正规化，采取和抗战前一致的统一学制和课程。陕甘宁边区在抗日战争时期是党中央所在地，与其他抗日根据地对比来说，处于相对和平的环境。因此，在陕甘宁边区中等教育发展中也曾出现过旧型正规化的倾向，经过党的整风运动和1943年召开的边区教育会议，这种倾向得到纠正。

抗日战争时期党领导的小学教育是多种多样的，在抗日根据地，党发动群众自己动手，按群众需要与自觉自愿的原则创办小学。这些小学大致可分为以下几种类型：（1）米脂高家沟式。这类学校由群众自己办、自己管、自己教，推举本村识字最多的人为教员。教员的土地由全村变工代耕。学习年限、教学内容和教学方式等完全按照群众需要而定。教学时间分全日、半日两班，农忙放假，没有固定的年限，学到能写会算就毕业。（2）延安杨家湾式。这类学校的成立得到政府机关的帮助，教员由政府派遣，教学方法采用小先生制和集体教学与个别照顾相结合，打破旧式学校死板的学制、班次及学校教育和社会教育的界限。（3）米脂杨家沟式。这类学校是在识字班的基础上办起来的，它从根本上打破了儿童教育与成人教育的界限。其特点是：全体学生都不脱离生产。教学分早班、午班、夜班进行，并按群众需要规定教学内容。（4）新式的巡回学校。这类学校的特点是送教上门，教员轮流到各村教课，一天跑两个村庄，2天或3天轮1次。学生不离本村，不脱离生产。教学上没有固定形式，教员在山沟、路上或村里遇到学生，随时进行教学。（5）旧式的轮回学校。这类学校由几个村共请1位教员，轮流在每家上课10天或半月，然后再全体搬去另一家，轮到谁家就在谁家吃饭上课。其特点是学生脱离生产。在游击区和近敌区有我们党领导的抗日两面小学和抗日隐蔽小学。抗日两面小学就是表面是敌伪小学，而实际上是用伪装方式讲授抗日课本，进行抗日教育的小学。这类小学的产生大致有两种情况：一是过去的抗日小学，由于地区变质，坚持困难，为了生存而装扮成敌人所要求的小学。另一种是原来的敌伪小学由我党争取转化而成的。这种学校在游击区很多。抗日两面小学一般有两套教师和两套教材，一套进行抗日教育，一套进行"应敌教育"，应付敌伪的巡查。抗日隐蔽小学又称抗日一面小学或地下小学。这种学校多出现于近敌区或敌伪据点村，为了安全，各地教师群众创造了种种隐蔽教学的办法。在苏皖和冀中等边区普遍采用"分组教学"的方法；在敌人碉堡林立的地区，师生采用"游击教学"和"化装教学"的方法；在有些实行地道战的地区，群众还采用"洞口教学"的方法等。此外在游击区和近敌区还有动摇于敌我之间的中间两面小学、为敌伪服务的敌伪小学和敌伪两面小学，我党都尽力争取这些学校的教员，设法转变这些学校的性质，使它们成为抗日小学，为抗战服务。由于党采取灵活多样的办学形式，使得各地的小学教育得到迅速恢复和发展，成千上万所小学出现在穷乡僻壤，向世世代代从未进过校门的农民子女敞开了就学的大门。这在抗日根据地尤其如此，陕甘宁边区原是一块文化教育的荒芜之地，知识分子如凤毛麟角，文盲占全区人口的98%以上。全区20多个县，旧有小学不过120所，边区政府建立后，小学教育迅速发展，1937年秋有小学545所，至1945年全区小学增加到2297所，其中民办小学1957所，公办小学340所。在晋察冀边区由于日寇的蹂躏，所有学校几乎全部被毁，根据地建立后不久就发动群众重建校舍，恢复原有小学，创办新的小学，到1939年上半年有小学7000余所，1940年上半年小学约增至10000所以上，50户以上的村庄一般都有小学1所。此外晋冀鲁豫边区原有小学多被敌人摧毁，1944年边区政府就恢复到2722所，山东抗日民主根据地到1944年也已有近万所小学。必须指出，所有这些抗日民主根据地的小学绝不是旧学校简单的重建和继续，而是一种新的创造。所有小学根据党的教育方针和政策都非常重视抗日的政治教育，编印适合抗战的教材，提倡"学校与社会沟通，教育为抗战服务"。在抗日战争的特殊年代里，它们把学生组织起来让学生参加各种社会活动如站岗、放哨、查路条、送信、募集慰劳品等。在敌后根据地还组织儿童传送情报、抓汉奸、破坏敌人交通、开展劫敌运动等与敌人进行面对面的斗争。在学校内部实行民主管理，许多小学都有学生会组织，在教师辅导下锻炼学生的独立工作能力，培养学生的集体主义精神；学生中间建立了生活检讨会制度，让学生运用民主方式，进行集体的自我教育；教师对待学生也采取民主的姿态，以说服代替打骂，以鼓励代替高压，以商量代替命令。在教材建设方面，各科教材普遍突出了统一战线的教育和抗战的政治教育。如语文课讲述抗日英雄的故事和抗战中的光辉事迹，揭发敌人的暴行；算术课统计日寇烧我多少房屋，杀我多少同胞；常识课讲述防空、防毒、反奸、反特和配制炸药等知识和技能。在教学过程中，还随着抗战形势的发展而增添新的内容。1941～1942年日寇采用残酷的"三光政策"对我根据地进行连续不断的"扫荡"，各地小学普遍用日寇灭绝人寰的暴行教育学生，激发他们的民族觉悟和爱国情感，所有这一切都严格地区别于旧学校，表现了新民主主义教育的特征。

抗日战争时期的群众教育也是生动活泼、丰富多彩的。人民群众积极参加抗战是抗日战争胜利最可靠的保证，因此，为了抗日战争的最后胜利，各抗日民主根据地都非常重视群众教育。1944年各地召开的文教大会都明确地提出了成人教育重于儿童教育的方针。通过群众教育，不仅可以让群众识字读书，提高他们的文化素养，而且可以对他们进行抗战形势与任务、党的抗战政策的宣传教育，启发他们的政治觉悟和民族意识，鼓舞他们积极投入抗日战争的伟大事业，以争取抗日战争的最后胜利。群众教育的主要形式是冬学和民校。冬学由党政部门和群众团体共同组成的冬学运动委员会领导，聘请粗通文字的人或小学教师教课。在时间上分为早学、午学和夜学，群众可根据自己的情况自愿参加。有些冬学保留下来成为常年民校。

按教学内容，冬学和民校可分为识字班、宣讲班和技术训练班。识字班是冬学和常年民校的一种最基本组织形式，数量最多。识字班的教学目的，首先是对群众进行政治教育；其次是使群众掌握文字工具。初期使用集体教学的方法，后来考虑到各种工作和斗争需要，照顾到生产习惯和生活利益，又创造了多种多样的学习小组如地头组、滩地组、运输组、放羊组、民兵组、担架组、纺织组、编席组和炕头组，等等。宣讲班又称普通班，教学目的主要是围绕抗战各个时期的中心任务及时对群众进行宣传教育，提高群众的认识，激发他们的热情，推动各项工作的开展。宣讲班上课次数较识字班少，一般每 10 天上课 1～3 次，任何人均可参加听讲。技术训练班为数最少，教学目的是为了使群众掌握有关战争或生产的具体技术，如配合地雷战开办地雷训练班，配合地道战举办"地下建设"训练班等。"天寒地冻把书念，花开春暖务农忙。"这首陕北民歌说明了冬学适合农民的生活、生产习惯，深受他们的欢迎。因此，冬学和民校在各抗日民主根据地都得到迅速发展。

一向被封闭在家里的广大农村妇女也开始走出家门，参加冬学和民校的学习，仅从华北某一个专区的统计，上冬学的妇女就有 17200 余人。在有些地方甚至出现了婆媳轮流去识字班上课、轮流做家务，互教互学的佳话，这是妇女教育在中国教育史上空前深刻的变化。

群众教育的形式除了冬学和民校外，还有各根据地在农村中普设的读报组、黑板报和"文化岗"等组织形式。读报组的读报人由群众推选，读报的地点和时间都不固定，"人们爱在哪里休息，就在哪里读"，人们需要什么就读什么。黑板报设置简单，在许多地区差不多村村都有，内容密切联系当地当时的生产、生活和斗争实际，生动活泼，随时更新。"文化岗"是在村口设置识字牌和进行政治测验的回答牌，由站岗放哨的儿童考问过路行人，答对的放行，答不对的要听儿童讲解，学会再走。例如晋察冀根据地每个村口都挂着一块黑板，每天上午，上面都写上不同的字。查完过路人路条，站岗者会说："同志请您念一念这三个字！"你就念给他听，说是"打日本"。他接着就进行口头考试："为什么要打日本？"各种形式的群众教育使日本帝国主义陷入了人民战争的汪洋大海，日本帝国主义根本不会想到就在它的碉堡周围，在它的炮口下面，在中国广袤的国土上，到处展开着抗日救亡的群众教育，到处是中国广大民众民族意识的觉醒，到处是中国人民如火如荼的抗日战争，这一切注定了日本帝国主义必然失败的命运。

 4 党在解放战争时期的教育

解放战争时期中国共产党领导下的教育是民族的、民主的、大众的、科学的新民主主义教育，是服务于新民主主义政治斗争的教育，是服务于全中国人民和平民主建设事业的教育。在"打倒蒋介石，建设新中国"的革命斗争目标指导下，党对教育战线提出的任务和要求，就是在已解放的地区迅速恢复、整顿、改造和发展学校教育，用新民主主义的革命思想教育广大儿童、青年和人民群众，清除敌伪奴化教育和国民党封建法西斯教育及其反革命宣传的影响，提高他们的政治觉悟，争取他们积极支援和参与人民解放战争，训练和培养支援战争、从事各方面改革和建设工作的干部，并逐步确立起正规化的教育制度，为迎接全国解放做好教育战线上的准备。为此，党在解放战争的不同时期还对教育战线作出不同的指示。在抗日战争接近胜利的前夕，毛泽东在中共"七大"上指出："一切奴化的、封建主义的和法西斯主义的文化和教育，应当采取适当的坚决的步骤，加以扫除。""中国国民文化和国民教育的宗旨，应当是新民主主义的，就是说，中国应当建立自己的民族的、科学的、人民大众的新文化和新教育。"这些指示为解放战争时期党领导的教育指明了方向。内战爆发后，党要求国统区的进步教育力量必须为反对法西斯暴政的斗争服务，领导和参与爱国民主运动；要求解放区的教育战线必须为解放战争服务。全面内战爆发后，党制定了战时教育方案，要求各级各类教育必须服务于人民自卫战争，服务于生产，服务于"耕者有其田"的彻底实现。这一时期的东北解放区为此还提出了中等教育重于小学教育，而中等教育侧重于师范教育、职业教育和地方干部教育的学校教育方针。在中国人民解放军粉碎蒋介石的进攻之后，于1947年7月至9月转入了全国性反攻阶段。1948 年辽沈战役解放了东北全境。这一时期各解放区都在不断调整教育政策。东北解放区为了建设的需要把培养大批有文化知识、科学技术和革命思想的各种知识分子作为教育工作的首要任务，提出了建立正规化教育制度的初步要求，华北解放区这时也确立了中学教育的普通教育性质及其让学生就业或升学的双重任务。在三大战役结束以后，毛泽东发出了"把军队变为工作队"的指示，党领导下的人民解放军迅速接管了原国民党统治下的各级各类大大小小的学校，迅速恢复、改造和发展各级各类教育。这一时期华北和东北解放区都已提出了创办正规学校和建立统一的正规教育制度的计划。在学校教育中，在不忽视思想政治教育的同时都加重了课程中文化课的比例。党在不同时期对教育战线提出的不同指示和要求，保证了解放战争时期各解放区教育的发展方向，保证了党在解放战争时期的方针政策在教育战线的贯彻实施，保证了解放战争时期和解放战争以后革命和建设对各级各类人才的需求，为新中国新教育制度的确立奠定了深厚的基础。

毛泽东同志指出："中国地方甚大，人口甚多，革命战争发展甚快，而我们的干部供应甚感不足。"而要有秩序地管理新开辟的解放区也必须要有大批的干部，因此，解放战争时期的教育仍然贯彻"干部教育重于群众教育"、"干部教育第一"的方针，在各级各类教育发展过程中，干部教育发展最快。晋察冀边区有华北联合大学、白求恩医科大学、铁路学院、内蒙古学院、建国学校、行政干部学校等。1947年冬石家庄解放后又办有华北工业交通学院等校。晋冀鲁豫解放区各类干部学校达30余所，其中较有影响的是抗战胜利后于1945年11月新建的北方大学。1948年8月华北联合大学与北方大学合并为华北大学。山东解放区1946年有山东大学1所，设有财经队、文化队、合作人员训练班和附中等，另有中等学校41所以及军政、工商等干校。苏皖解放区在1946年初有94所中等以上的学校，其中包括1所建设大学、1所教育学院、1所工业专科学校、2所军事学校、6所师范学校、1所医务学校、1所新闻专科学校和3所综合性的干部学校。1948年又成立了华中大学，华中大学是由华中公学改组而成的，而华中公学则是江海公学和苏北公学合并而成的，这些学校都为解放战争和解放区建设培养了大批干部。陕甘宁边区在抗战胜利后将抗大和医科大学等学校相继迁往东北解放区，而其他干部学校和中学在国民党重点进攻时期均遭到一定程度的破坏，在粉碎敌人的进攻后，干部教育很快得到恢复和发展。1948年已有延安大学、西北军政大学，工业、财政、艺术、行政等专科学校。各地还有其他干校10余所；东北解放区有抗大改称的东北军政大学、东北大学、中国医科大学等干校，各地各部门还办有各种干校和短训班，后来又陆续从国民党手中接管了一些农业、商业、助产、铁路、邮电等专科学校，所有这些学校为东北的建设和百万大军进关作战输送了大批干部，有力地支援了平津战役和整个解放战争。新中国成立前夕，各大行政区都设立人民革命大学，招收知识分子，对他们进行思想改造。在1949年一年中，各解放区就有20多万人参加了这种以思想改造为主的干部学校的学习，这种干部学校成为改造知识分子的革命熔炉。干部教育除了干部学校教育外，还有在职干部教育。中共中央华北局1948年11月发布了关于在职干部教育的决定，号召所有党员和干部努力迅速地提高自己的理论水平、政治水平和政策水平；所有文化水平较低的党员和干部努力迅速地提高自己的文化水平，要求一切有阅读能力的党员和干部都必须学习理论，必须以马克思列宁主义的基本知识、中国革命基本问题的知识、新民主主义国家建设理论的知识来武装自己，还规定了学习的书目，建立了定期的考试制度。

解放战争时期的中等学校也是作为干部学校开设的，培养大批的中学生和地方干部为解放战争、土地改革和经济建设服务。晋察冀边区在1946年上半年有中学43所，学生6000余人，下半年就发展到56所，学生10000余人。晋冀鲁豫边区的中等学校也由抗日战争时期的26所增加到50所。东北解放区解放较早，根据地巩固，中学发展很快。在1947年有中学105所，到1948年就发展到145所，学生达61898人。各解放区不少中学附设地方干部训练班和师范班，培养地方行政、建设干部和小学师资。随着人民解放军从国民党手中解放更广大的土地和更多的人口，各解放区中等学校的数量大大增加。对于从国民党手中接受过来的中等学校，党采取改造的方针，进行课程改革和师生思想改造，改变对学生的管理制度，组织进步学生团体，改革旧型正规化教育制度，实行新民主主义的教育制度。

解放战争时期的小学教育采取改造和普及的方针，发展极为迅速。陕甘宁边区 1946 年有普通小学 295 所，民办小学 1038 所，完全小学 62 所，学生近 30 万人。华北解放区 1949 年有初高小学共 51900 多所，学生 325 万余人。各解放区小学都非常重视以时事政策为中心的政治思想教育，在全体师生中宣传反蒋反美，提高他们的阶级觉悟。这些小学还根据各地战争环境的不同情况，采取不同的方针政策以达到政治思想教育的目的。在巩固的根据地，小学教育采取发展和改革的方针，充实教育内容，加强政治思想教育；在边缘区、交通线或敌人的主攻方向，除加强反美反蒋的政治思想教育外，还组织师生参加战时工作，训练学生转移和分散的行动秩序和技术；在敌人可能占领的地区则撤退师生，或隐蔽、埋伏；在实施土地改革的农村，则大力发展民办小学，在小学讲授土地改革政策、揭露地主剥削和压迫贫苦农民的罪行；在新解放的城市，小学教育一方面注意改革和发展，另一方面又要注意适当的正规化，除文化学习外，要对学生进行劳动教育，培养他们爱好劳动的习惯。1949 年 6 月，在北平召开了华北小学教育会议，着重研究小学教育的改革问题，并讨论了小学正规化的问题。这是一次迎接全国解放的重要的教育会议，对于发展华北小学教育乃至全国的小学教育都具有重要的指导意义。

解放战争时期工农补习教育有进一步的发展，特别是工人补习教育发展更快，这是因为随着解放战争的胜利，解放了许多大中小城市，接受和开办了许多工厂，工人补习教育就成为重要的教育任务了。为了提高工人阶级的政治觉悟和生产技术，更好地建设未来的新中国，党和政府非常重视对工人群众的教育。1949 年 2 月，中共中央东北局和东北行政委员会联合发布了关于加强工人群众中政治文化教育工作的指示。华北人民政府在其颁布的"1949 年华北区文化教育建设计划"中也要求加强对工人群众的宣传教育工作。因此，在党和政府大力提倡和支持下，工人补习教育蓬勃发展，各大城市都开办了工人政治大学或政治学校、工人补习夜校、业余技术补习班和识字班等；一些中学和职业学校都附设了工人班；一些大企业和大工厂都附设职工学校，设立工人子弟学校，编印工人通俗读物。工人补习教育的发展大大超过了抗日战争时期。党和政府在加强对工人群众进行政治文化教育的同时，也没有放松对农民的政治文化教育。配合土地改革运动，冬学和民校呈现出空前繁忙的景象，其他各种群众教育的组织形式也得到继续发展。在土地改革运动中，冬学和民校对于宣传党的土地政策、提高农民群众的阶级觉悟、鼓舞农民群众的斗争热情，都起了很大作用；在大生产运动中，农民补习教育在宣传党的有关发展生产的政策、总结生产经验和交流生产技术等方面也发挥了重要作用；在与国民党反动派进行生死搏斗的战斗战役中，农民补习教育更成为组织人民群众支援、参加、配合人民解放战争的重要工具。各解放区结合生产的需要、战争的环境和自觉自愿的原则，在农民业余教育工作中创造了丰富的经验，为进一步发展新中国的农民业余教育打下了良好基础。

中国共产党领导下的教育自始至终就是新民主主义的教育。新民主主义教育的历史表明：教育只有与无产阶级的现实政治斗争相结合、与生产劳动相结合、与人民群众的需要相结合，才具有无穷的生命力和光明的前途，才能推动新民主主义革命不断取得胜利。

参考书目

1. 舒新城编《中国近代教育史参考资料》。

2. 璩鑫圭编《中国近代教育史资料汇编·鸦片战争时期教育》。

3. 璩鑫圭编《中国近代教育史资料汇编·洋务运动时期教育》。

4. 汤志钧、陈祖恩编《中国近代教育史资料汇编·戊戌时期教育》。

5. 陈学询、田正平编《中国近代教育史资料汇编·留学教育》。

6. 璩鑫圭、唐良炎编《中国近代教育史资料汇编·学制演变》。

7. 毛礼锐、沈灌群主编《中国教育通史》。

8. 陈景磐编《中国近代教育史》。

9. 高奇主编《中国现代教育史》。

10. 熊明安编《中华民国教育史》。

《中国史话》总目录

系列名	序号	书名	作者
物化历史系列（28种）	25	陵寝史话	刘庆柱　李毓芳
	26	敦煌史话	杨宝玉
	27	孔庙史话	曲英杰
	28	甲骨文史话	张利军
	29	金文史话	杜　勇　周宝宏
	30	石器史话	李宗山
	31	石刻史话	赵　超
	32	古玉史话	卢兆荫
	33	青铜器史话	曹淑芹　殷玮璋
	34	简牍史话	王子今　赵宠亮
	35	陶瓷史话	谢端琚　马文宽
	36	玻璃器史话	安家瑶
	37	家具史话	李宗山
	38	文房四宝史话	李雪梅　安久亮
制度、名物与史事沿革系列（20种）	39	中国早期国家史话	王　和
	40	中华民族史话	陈琳国　陈　群
	41	官制史话	谢保成
	42	宰相史话	刘晖春
	43	监察史话	王　正
	44	科举史话	李尚英
	45	状元史话	宋元强
	46	学校史话	樊克政
	47	书院史话	樊克政
	48	赋役制度史话	徐东升

系列名	序号	书　名	作　者
制度、名物与史事沿革系列（20种）	49	军制史话	刘昭祥　王晓卫
	50	兵器史话	杨　毅　杨　泓
	51	名战史话	黄朴民
	52	屯田史话	张印栋
	53	商业史话	吴　慧
	54	货币史话	刘精诚　李祖德
	55	宫廷政治史话	任士英
	56	变法史话	王子今
	57	和亲史话	宋　超
	58	海疆开发史话	安　京
交通与交流系列（13种）	59	丝绸之路史话	孟凡人
	60	海上丝路史话	杜　瑜
	61	漕运史话	江太新　苏金玉
	62	驿道史话	王子今
	63	旅行史话	黄石林
	64	航海史话	王　杰　李宝民　王　莉
	65	交通工具史话	郑若葵
	66	中西交流史话	张国刚
	67	满汉文化交流史话	定宜庄
	68	汉藏文化交流史话	刘　忠
	69	蒙藏文化交流史话	丁守璞　杨恩洪
	70	中日文化交流史话	冯佐哲
	71	中国阿拉伯文化交流史话	宋　岘

系列名	序号	书　名	作　者
思想学术系列（21种）	72	文明起源史话	杜金鹏　焦天龙
	73	汉字史话	郭小武
	74	天文学史话	冯　时
	75	地理学史话	杜　瑜
	76	儒家史话	孙开泰
	77	法家史话	孙开泰
	78	兵家史话	王晓卫
	79	玄学史话	张齐明
	80	道教史话	王　卡
	81	佛教史话	魏道儒
	82	中国基督教史话	王美秀
	83	民间信仰史话	侯　杰
	84	训诂学史话	周信炎
	85	帛书史话	陈松长
	86	四书五经史话	黄鸿春
	87	史学史话	谢保成
	88	哲学史话	谷　方
	89	方志史话	卫家雄
	90	考古学史话	朱乃诚
	91	物理学史话	王　冰
	92	地图史话	朱玲玲

系列名	序号	书　名	作　者
文学艺术系列（8种）	93	书法史话	朱守道
	94	绘画史话	李福顺
	95	诗歌史话	陶文鹏
	96	散文史话	郑永晓
	97	音韵史话	张惠英
	98	戏曲史话	王卫民
	99	小说史话	周中明　吴家荣
	100	杂技史话	崔乐泉
社会风俗系列（13种）	101	宗族史话	冯尔康　阎爱民
	102	家庭史话	张国刚
	103	婚姻史话	张　涛　项永琴
	104	礼俗史话	王贵民
	105	节俗史话	韩养民　郭兴文
	106	饮食史话	王仁湘
	107	饮茶史话	王仁湘　杨焕新
	108	饮酒史话	袁立泽
	109	服饰史话	赵连赏
	110	体育史话	崔乐泉
	111	养生史话	罗时铭
	112	收藏史话	李雪梅
	113	丧葬史话	张捷夫

系列名	序号	书 名	作 者	
近代政治史系列（28种）	114	鸦片战争史话	朱谐汉	
	115	太平天国史话	张远鹏	
	116	洋务运动史话	丁贤俊	
	117	甲午战争史话	寇 伟	
	118	戊戌维新运动史话	刘悦斌	
	119	义和团史话	卞修跃	
	120	辛亥革命史话	张海鹏	邓红洲
	121	五四运动史话	常丕军	
	122	北洋政府史话	潘 荣	魏又行
	123	国民政府史话	郑则民	
	124	十年内战史话	贾 维	
	125	中华苏维埃史话	杨丽琼	刘 强
	126	西安事变史话	李义彬	
	127	抗日战争史话	荣维木	
	128	陕甘宁边区政府史话	刘东社	刘全娥
	129	解放战争史话	朱宗震	汪朝光
	130	革命根据地史话	马洪武	王明生
	131	中国人民解放军史话	荣维木	
	132	宪政史话	徐辉琪	付建成
	133	工人运动史话	唐玉良	高爱娣
	134	农民运动史话	方之光	龚 云
	135	青年运动史话	郭贵儒	
	136	妇女运动史话	刘 红	刘光永
	137	土地改革史话	董志凯	陈廷煊
	138	买办史话	潘君祥	顾柏荣
	139	四大家族史话	江绍贞	
	140	汪伪政权史话	闻少华	
	141	伪满洲国史话	齐福霖	

系列名	序 号	书 名	作 者
近代经济生活系列（17种）	142	人口史话	姜 涛
	143	禁烟史话	王宏斌
	144	海关史话	陈霞飞 蔡渭洲
	145	铁路史话	龚 云
	146	矿业史话	纪 辛
	147	航运史话	张后铨
	148	邮政史话	修晓波
	149	金融史话	陈争平
	150	通货膨胀史话	郑起东
	151	外债史话	陈争平
	152	商会史话	虞和平
	153	农业改进史话	章 楷
	154	民族工业发展史话	徐建生
	155	灾荒史话	刘仰东 夏明方
	156	流民史话	池子华
	157	秘密社会史话	刘才赋
	158	旗人史话	刘小萌
近代中外关系系列（13种）	159	西洋器物传入中国史话	隋元芬
	160	中外不平等条约史话	李育民
	161	开埠史话	杜 语
	162	教案史话	夏春涛
	163	中英关系史话	孙 庆

系列名	序号	书名	作者
近代中外关系系列（13种）	164	中法关系史话	葛夫平
	165	中德关系史话	杜继东
	166	中日关系史话	王建朗
	167	中美关系史话	陶文钊
	168	中俄关系史话	薛衔天
	169	中苏关系史话	黄纪莲
	170	华侨史话	陈　民　任贵祥
	171	华工史话	董丛林
近代精神文化系列（18种）	172	政治思想史话	朱志敏
	173	伦理道德史话	马　勇
	174	启蒙思潮史话	彭平一
	175	三民主义史话	贺　渊
	176	社会主义思潮史话	张　武　张艳国　喻承久
	177	无政府主义思潮史话	汤庭芬
	178	教育史话	朱从兵
	179	大学史话	金以林
	180	留学史话	刘志强　张学继
	181	法制史话	李　力
	182	报刊史话	李仲明
	183	出版史话	刘俐娜
	184	科学技术史话	姜　超

系列名	序号	书名	作者
近代精神文化系列（18种）	185	翻译史话	王晓丹
	186	美术史话	龚产兴
	187	音乐史话	梁茂春
	188	电影史话	孙立峰
	189	话剧史话	梁淑安
近代区域文化系列（11种）	190	北京史话	果鸿孝
	191	上海史话	马学强　宋钻友
	192	天津史话	罗澍伟
	193	广州史话	张　苹　张　磊
	194	武汉史话	皮明庥　郑自来
	195	重庆史话	隗瀛涛　沈松平
	196	新疆史话	王建民
	197	西藏史话	徐志民
	198	香港史话	刘蜀永
	199	澳门史话	邓开颂　陆晓敏　杨仁飞
	200	台湾史话	程朝云

《中国史话》主要编辑
出版发行人

总　策　划　谢寿光　　王　正
执行策划　杨　群　　徐思彦　　宋月华
　　　　　梁艳玲　　刘晖春　　张国春
统　　筹　黄　丹　　宋淑洁
设计总监　孙元明
市场推广　蔡继辉　　刘德顺　　李丽丽
责任印制　岳　阳